Lost & Dark Places
Erzgebirge & Chemnitz

Kein Wintersport, keine Wanderer:
Dieses Hotel empfängt niemanden mehr (Kapitel 17).

Laura Kaiser

Lost & Dark Places
ERZGEBIRGE & CHEMNITZ

33 vergessene, verlassene und unheimliche Orte

BRUCKMANN

↑ Mit Efeu bewachsene Gräber im Park der Opfer des Faschismus (Kapitel 2)
↓ Die Wände bröckeln an den Teufelsbrücken (Kapitel 3).
↘ Zersprungene Scheiben am ehemaligen Krankenhaus (Kapitel 6)

INHALT

33 LOST & DARK PLACES

CHEMNITZ

ZWICKAU

ERZGEBIRGE

↑ Alte Fabrikhalle im Poppenwald (Kapitel 12)
↗ Eingang der oberen Schwedenlöcher in Flöha (Kapitel 28)

DIE DUNKLEN UND DRECKIGEN SEITEN DES ERZGEBIRGES

Weiße Frauen, Irrlichter und kopflose Reiter: Das Erzgebirge war schon immer ein Ort, an dem Sagen- und Gruselgestalten ihr Unwesen trieben. Jedenfalls, wenn man den Büchern und Geschichten glaubt, die einst flüsternd am Kachelofen sitzend weitererzählt wurden. Im frühen Mittelalter war das Mittelgebirge an der sächsisch-tschechischen Grenze von Wald bedeckt. Der sogenannte Miriquidi, der Dunkelwald, wurde selbst zum Ort der Legenden und hat manche hervorgebracht. Dass das Reisen von Händlern durch den großen Wald angesichts von Räubern, wilden Tieren und reißenden Flüssen nicht immer ungefährlich war, kann auch seinen Teil zum düsteren Ruf beigetragen haben. Noch heute erzählen Leichensteine von den unschuldigen Toten an Wegen und Straßen im Erzgebirge – und gehören damit zu den dunklen Orten, den dark places, die heute Wanderern einen Schauer über den Rücken jagen können.

Eigentlich ist das Erzgebirge als Reiseziel fürs Licht bekannt: für Lichtelfahrten in der Vorweihnachtszeit, wenn die Schwibbögen die Fenster hell erleuchten, für die Lichter der Bergmänner, die in die Gruben stiegen und Schätze hervorholten, und, wenn man

Beim Wandern stößt man nicht nur im böhmischen Erzgebirge manchmal auf Ruinen (Kapitel 32).

so will, für das Licht der Hoffnung, das seit der Verleihung des UNESCO Weltkulturerbe-Titels auf der Region liegt. Bergwerke sind die dark places im wörtlichen Sinn, die das Erzgebirge zahlreich zu bieten hat. Manch einer davon hat zudem eine unheimliche oder gefährliche Geschichte zu erzählen – so wie die Eispinge in Horní Blatná, im tschechischen Erzgebirge, die eine einmalige Rolle während der Völkerschlacht gespielt hat.

Wandern, Skifahren und Mountainbiken sind nicht nur die Hobbies vieler Erzgebirger, sondern ein weiteres Lockmittel für Touristen aus dem In- und Ausland. Zwischen Berg und Tal, an den Ufern zahlreicher Flüsse und Teiche und quer durch die immer noch großen Waldgebiete, die zum Teil wieder Wölfen ein Zuhause bieten, erstrecken sich unzählige Wegekilometer. Mitunter stößt man bei der Bewegung in der Natur auf Ruinen, die ihre wahren und erfundenen Geschichten nicht preisgeben. Manche stehen schon seit dem Mittelalter zerstört da wie die Dudelskirche, andere sind erst im vorigen Jahrhundert im Zuge der Kriege, Vertreibungen und Regimewechsel zu solchen geworden. Ihre Zeugnisse in Stein oder Stahlbeton sind vor allem entlang der deutsch-böhmischen Grenze zu finden, die heute, Schengen sei Dank, keine geschlossene Grenze mehr ist.

Der Bergbau ab dem Mittelalter und die spätere Industrialisierung, die verarbeitenden Betriebe in der Maschinen- und Textilproduktion waren Erfolgsgeschichten – doch nicht für immer. Klassische lost places, vergessene Orte einstigen Ruhmes, stehen von Chemnitz bis zum Erzgebirgskamm so viele, dass die Einwohner sie aus dem Blick verlieren. Ab und zu richtet die Lokalzeitung oder die Gemeinde das Schlaglicht darauf, wenn eine Versteigerung oder ein Abriss(-wunsch) anstehen. Ab und zu schaffen es Stadt und Investoren sogar, den oft prächtigen Fabrikgebäuden neues Leben einzuhauchen. Doch viele der ehemaligen Spinnereien, Gießereien und sonstigen Fabriken stehen zusehends leer und verfallen.

Vor allem die Wende und die Abwicklung der volkseigenen Betriebe der DDR durch die Treuhand haben viele Produktionsstätten in den Stillstand geschickt. Die Bahnstrecken, die nun keine Güter mehr transportieren mussten, folgten oft hintendrein. Mitunter sehr zum Ärger derjenigen, die sie heute wieder aus dem Dornröschenschlaf holen wollen. Ähnlich erging es dem Tourismus: Reisefreiheit und die wirtschaftlichen Möglichkeiten dazu führten zu einem Rückgang an Touristen, den nicht jedes Hotel überlebte. Heute kann man ihren Glanz trotz kaputter Fenster noch erahnen, doch ob sie je wieder Gäste beherbergen, ist oft fraglich.

Vom Mittelalter bis in die Neuzeit, vom Reich der Sagen in die Industriegeschichte reichen die Ursprünge der 33 vergessenen und dunklen Orte in diesem Buch. Wer den Reiz des Verfallenen kennt, sich über von Moos überwucherte Mäuerchen freut und vermeintlichen Schandflecken etwas abgewinnen kann, wird bei der Erkundung viel Spaß haben – und vielleicht die ein oder andere Gänsehaut spüren. Manchmal ist Eile geboten, denn hin und wieder taucht doch plötzlich ein Investor auf und saniert ein längst vergessen geglaubtes Gebäude (wie das Wohnhaus des Chemnitzer Kannibalen, das deshalb im Buch fehlt) oder macht es dem Erdboden gleich. Manche Orte sind öffentlich und weitgehend gefahrlos zugänglich, andere sind in Privatbesitz und dürfen nicht betreten werden oder sind einsturzgefährdet. Die folgenden Kapitel sollen dabei helfen, sich ihnen auf andere Art zu nähern und dennoch ein besonderes Erlebnis vor Ort zu bekommen.

»Pax«, Frieden, steht auf den Überresten eines Mausoleums zwischen Streckewalde und Wiesenbad (Kapitel 22).

Bröckelnd und prächtig: Die Fassaden der Bürgerhäuser im Kurbad Jáchymov (Kapitel 31)

VERHALTENSREGELN FÜR LOST PLACES

1. Behandeln Sie die Orte mit Respekt

Jedes Bauwerk und jedes Gebäude erzählen eine Geschichte aus vergangenen Tagen. Dies gilt es zu schützen. Und auch wenn es teilweise nicht so aussieht, aber jeder dieser Lost Places hat einen Eigentümer. Das sollte respektiert werden. Das beinhaltet vor allen Dingen, dass nichts zerstört oder gewaltsam geöffnet wird. Sind Fenster oder Türen verschlossen, sollte das auch so bleiben. Gehen Sie respektvoll mit dem Ort um.

2. Nehmen Sie nichts mit, lassen Sie nichts da

Wenn Sie etwas von einem Lost Place mitnehmen, und sei es noch so klein, ist es Diebstahl. Wie bereits in Punkt 1 gesagt, alle diese Orte haben einen Eigentümer. Daher gilt die Regel: Alles bleibt, wie es ist. Belassen Sie es bei den schönen Einblicken und Fotos, die Sie an dem Ort machen. Gleiches gilt auch umgekehrt: Lassen Sie nichts liegen. Keine Essensreste, keine Kaugummis, keine Kippenstummel.

Erinnerung an eine Bahnstrecke: Die Brücke verschwindet im Dickicht (Kapitel 11).

3. Rauchen verboten

Das bringt uns zum nächsten Punkt: Rauchen verboten. Zollen Sie dem ehrwürdigen Ort Respekt und verzichten Sie für die Zeit, die Sie da sind, auf Rauchen. Kippenstummel brauchen nicht nur 15 Jahre zum Verrotten (sie sollten übrigens nirgends achtlos weggeworfen werden), sondern können schnell ein Feuer verursachen.

4. Keine Graffiti

Dass Sie nichts hinterlassen sollen, gilt auch für Kunstwerke an den Wänden. Man sprüht einfach nicht auf fremdes Eigentum, sei es noch so schön. Lassen Sie die Wände wie sie sind, sodass auch noch Menschen nach Ihnen den Ort so erleben können, wie er früher einmal war.

5. Seien Sie vorsichtig

Vorsicht ist besser als Nachsicht. Das gilt vor allem bei Lost Places. Marodes Holz, verrostete Geländer, einsturzgefährdete Decken, lockere Böden (teilweise befinden sich noch Kellergeschosse darunter), eingeschlagene Fenster – die Liste der Gefahren solcher Orte ist lang. Seien Sie daher immer wachsam. Begeben Sie sich niemals in Gefahr für das eine Foto. Das ist es nicht wert. Treppen und obere Etagen sind eine gängige Gefahrenquelle. Schauen Sie sich den Zustand der Treppe und der Decke genau an. Nehmen Sie auch eine Taschenlampe für dunkle Räume und Keller mit.

6. Gehen Sie nicht allein

Es ist ratsam, immer mindestens zu zweit, besser noch zu dritt, einen Lost Place zu besuchen. Da gilt die alte Regel: Ist eine Person verletzt, bleibt die zweite vor Ort und die dritte holt Hilfe. Zudem weiß man nie, wen man vor Ort trifft. Plünderer, Spinner und betrunkene Jugendliche sind auch oft in Lost Places anzutreffen. Da ist es beruhigender, nicht allein unterwegs zu sein.

7. Erregen Sie kein Aufsehen

Da viele Lost Places in Privatbesitz sind, gilt hier »Betreten verboten«. Auch wenn das Tor angelweit aufsteht oder ein riesiges Loch im Zaun ist. An Orten, an denen das Zugangsrecht nicht ganz klar ist, ist es ratsam, sein Auto nicht direkt vor dem Gelände zu parken. Schauen Sie beim Betreten des Geländes auch immer, dass Sie niemand sieht. So vermeiden Sie unerwünschte Begegnungen und mögliche Konfrontationen mit der Polizei.

Ausrüstung

Wir empfehlen Folgendes:

- Festes Schuhwerk, hohe Socken (Schutz vor Zecken)
- Reißfeste Kleidung, ggf. leichte Regenjacke
- Kamera inkl. Zusatzakku, Speicherkarten, Stativ
- Proviant und Getränke (nehmen Sie aber alles wieder mit)
- Kopf- oder Stirnlampe für freie Hände
- Taschenlampe mit weitem Winkel für Keller und dunkle Räume
- Taschenmesser
- Aufgeladenes Handy (ggf. Powerbank)
- Notizblock und Stift
- Pflaster und Taschentücher
- Mücken- und Zeckenspray

Die Räder gehören zum Wehr einer einst berühmten Wassersportanlage (Kapitel 9).

So viel Pracht, so viel Vandalismus: Abendrot über dem Verwaltungssitz des Textima-Kombinats (Kapitel 4)

CHEMNITZ

1

GOTTES WERK UND TEUFELS BEITRAG

In der Sagenwelt der Schloßkirche

Noch bevor es Chemnitz gab, entstand im 12. Jahrhundert das Benediktinerkloster Zu unserer lieben Frau auf dem Berge und mit ihm die damalige Marienkirche. Um das Gotteshaus auf dem Schloßberg ranken sich einige Legenden.

Chemnitz, Stadt Chemnitz, Sachsen **Ort** Schloßkirche, Schloßberg 11, 09113 Chemnitz **GPS** 50.84534691073401, 12.91475622120191 **Anfahrt** In Chemnitz Linie 23 vom Hbf. bis Haltestelle Nordstraße oder mit dem Auto bis Salzstraße

Der Glockenturm der Chemnitzer Schloßkirche war einst 40 Meter höher.

KAPELLE, THEATER, KIRCHE Wer vom Schloßteich zur Schloßkirche läuft, vorbei an den Restaurants im Schloßvorwerk, befindet sich im ältesten Teil der Stadt. Abgesehen von einzelnen Siedlern ging hier die Chemnitzer Geschichte los: Mit dem Benediktinerkloster auf dem Hügel und der steinernen Kirche, die 1160 errichtet wurde. Eine romanische Kapelle aus dieser Zeit blieb bis heute erhalten. Zu einer spätgotischen Hallenkirche umgebaut wurde sie Anfang des 16. Jahrhunderts. Doch mit der Auflösung des Klosters und der protestantischen Nutzung durch die Landesherren gab es erneut Veränderungen, sogar Wohnräume wurden in der Kirche eingerichtet. Erst seit 1668 trägt sie ihren heutigen Namen. Anfang des 19. Jahrhunderts gab es eine Zeit der Zweckentfremdung als Militärlager, Lazarett, Restaurant und Theater sowie Salzlager. 1820 stand sie wieder für Gottesdienste zur Verfügung. Ihren Turm bekam sie 1895 bei erneuten Umbauten im neogotischen Stil, doch er wurde im Zweiten Weltkrieg beschädigt und als Walmdach wieder aufgebaut – vorher war er knapp 40 Meter höher. Seit 1973 waren immer wieder Sanierungsmaßnahmen an der Tagesordnung, zuletzt an der Fassade. Bei einer derartig langen Baugeschichte, über die ausführlicher die Broschüre der St.-Petri-Schloßkirchgemeinde berichtet, ist es nicht ungewöhnlich, dass man sich Sagen über die Entstehung manches Details erzählte. Auffallend ist, dass die drei bekanntesten je ein Merkmal beschreiben, das auch heute noch heute existiert.

DIE TEUFELSKANZEL Die bekannteste Sage wurde 1874 von Johann Georg Theodor Grässe im *Sagenschatz des Königreichs Sachsen* veröffentlicht: Der schlechte Ruf des Klosters hatte den Teufel angelockt. Er wollte sein Zeichen beim Klosterumbau hinterlassen und baute gegenüber von Altar und Kanzel noch eine Kanzel. Sie war aber zugemauert und konnte nicht betreten werden. Nachdem der Teufel sein Werk begutachtet hatte, verschwand er. Die Mönche entdeckten am Morgen mit Entsetzen die Kanzel und einen Pferdehufabdruck daneben. Grässe schreibt: »Noch jetzt sieht man die Kanzel unbeschädigt und kennt sie in der ganzen Gegend unter dem Namen der Teufelskanzel.«

Der Dornenflechter am Fuß der Geißelsäule wendet sich von der Folterszene ab.

VON DER WAND AN DEN PFEILER Als Quelle nennt er Julius Schanz. Dabei handelt es sich vermutlich um Julius August Schanz, einen Literaturwissenschaftler und Schriftsteller, der laut Online-Datenbank *Sächsische Biografie* 1828 in Oelsnitz geboren und 1902 in Leipzig gestorben ist. Er wäre also Zeitgenosse Grässes und nicht der Umbauzeit

↑ Blick in das Kirchenschiff
↗ Das Nordportal von 1525

gewesen. Tatsächlich nennt auch die Kirchen-Kurzchronik eine Zeit des Verrufs von 1455 bis 1483, als die »Sittenlosigkeit« zunahm und die Klostergebäude verwahrlosten. Auf sie folgte, passend zur Geschichte, der Umbau durch die Äbte Heinrich von Schleinitz und Hilarius von Rehburg. Die existierende Kanzel – es ist aber nur eine – soll ab 1538 an der Wand angebracht gewesen sein, sodass sie nur vom Obergeschoss des Kreuzgangs aus zugänglich war – nicht vom Boden des Altarraums. Da der Teufel gern involviert wurde, wenn der Bau schwierig bis unmöglich schien, also nur vom Teufel gebaut werden konnte (siehe Kapitel 3), kann der Name auch darauf hinweisen. Es gab auch eine Zeit, in der sie keine Verwendung fand, weil ab dem 18. Jahrhundert ein Kanzelaltar benutzt wurde, wie Heinrich Magirius berichtet, der sich für das Landesdenkmalamt mit der Baugeschichtsforschung auseinandergesetzt hat. Im 19. Jahrhundert wurde sie schließlich demontiert, um die Fenster zu verlängern. Heute kann man die Kanzel von 1538 wieder sehen: Sie hängt an einem Vierungspfeiler rechts vom Altar, viel niedriger als früher. Ob es die Teufelskanzel ist, lässt sich nicht zweifelsfrei belegen.

DER SCHWARZE FLECK Auch die beiden anderen Sagen erwähnt Grässe: Heute liegen neue Fliesen auf dem Boden der Schloßkirche, aber einst soll er gepflastert gewesen sein und einen großen, schwarzen Fleck gehabt haben. Der Sage nach geht er auf ein tragisches Ereignis zurück: Für eine »Himmelfahrtskomödie« wurde ein Mönch in die

Höhe gezogen, um in das Gewölbe über dem Kirchenschiff zu gelangen. Doch dabei stürzte er ab und starb. Der Fleck sei seitdem nicht wegzuwischen. Sein Tod kann als Strafe für alchemistische Versuche und die Suche nach dem Stein der Weisen verstanden werden. Um diesen zu finden, war der Mönch bereit gewesen, einen Pakt mit dem Teufel einzugehen.

DER UNGEWÖHNLICHE SCHLUSSSTEIN
Interessant ist, dass es tatsächlich ein Loch gibt, das aus der Kirchenhalle nach oben führt: das Himmelsloch. Es ist abgedeckt, lässt sich aber öffnen und wurde für Himmelfahrtsspiele genutzt – allerdings mit Puppen, erklärt die Broschüre der Gemeinde. Ob eines Tages zu Christi Himmelfahrt eine Puppe abgestürzt ist oder ein Mönch hinaufgezogen wurde, ist nicht überliefert.

DIE GEISSELSÄULE Die Skulptur gibt es, sie steht prominent und fast vier Meter groß links neben dem Altarraum und stellt eine Folterszene Christis dar. Die Sage dahinter ist vergleichbar harmlos: In einem Raum im Kloster wuchs eines Tages ein Bäumchen aus dem Lehmboden. Weil die Mönche es für ein Geschenk der Mutter Gottes hielten, ließen sie es wachsen. Als es die Decke erreicht hatte, schnitten sie ein Loch hinein. Doch als der Baum zu groß wurde, musste er gefällt werden – aus seinem Stamm ließen sie die Geißelsäule schnitzen. Ein berühmter Holzschnitzer sei daraufhin nach St. Marien gekommen und habe monatelang in einer eigens eingerichteten Werkstatt gearbeitet. Ergebnis ist eine Folterszene mit drei Folterknechten, die auf den gefesselten Jesus Christus einschlagen oder mit einem Seil an ihm zerren.

GRAUSAMES KUNSTWERK Laut Gemeinde stand die Säule tatsächlich bis 1820 im Kloster und wurde 1515 aus einem Stamm gefertigt. Sie wird dem Künstler Hans Witten zugeschrieben, andere zweifeln an dieser Deutung des Kürzels HW, wie Jens Kassner in *Das Kellerhaus und der Chemnitzer Schloßberg* schreibt. Einen Unterschied gibt es in der Beschaffenheit: Während es in der Sage um einen Lindenbaum geht, stammt das Holz der Säule von einer Eiche. Doch auch ohne Sage erinnert die Säule an dunkle Zeiten und brutale Gewalt (und ist auch nicht die einzige Gewaltdarstellung auf den Kunstwerken der Kirche). Bemerkenswert ist, wie der vierte Mann dargestellt ist: der Dornenkranzflechter zu Füßen Christi. Er wendet seinen Blick ab, als wolle er nichts mit dem Geschehen zu tun haben, sitzt aber gebeugt da – die Last drückt ihm buchstäblich auf die Schultern, auch wenn er »nur« das Folterinstrument herstellt. Laut der Gemeinde gibt es wenige vergleichbare Skulpturen.

Das Schloßbergmuseum

Auf dem Schloßberg liegen die Anfänge der Besiedlung der Stadt: Bereits 1143 wurde das Benediktinerkloster urkundlich erwähnt. Im 16. Jahrhundert ließ dann Kurfürst Moritz von Sachsen das Kloster zur Sommerresidenz umbauen. Heute ist in den Räumen der alten Kloster- und Schlossanlage das Chemnitzer Museum für Stadtgeschichte untergebracht. Es präsentiert Artefakte von Gebrauchsgegenstand bis Kunst vom 12. bis ins 20. Jahrhundert sowie gotische Skulpturen. Im Garten ist in einem gläsernen Bau zudem ein Lapidarium mit nach dem Zweiten Weltkrieg geretteten Denkmälern und Grabmalen untergebracht (Infos: geöffnet Di, Do–So und an Feiertagen 11–18, Mi 14–21 Uhr, www.kunstsammlungen-chemnitz.de/haeuser/schlossbergmuseum)

Ruhestätte seit mehr als 150 Jahren:
die Soldatengräber im Park der Opfer des Faschismus

2

DIE TOTEN UNTER UNS

Im Park der Opfer des Faschismus

Der Name erweckt bereits Assoziationen, die über eine gewöhnliche Grünanlage hinausgehen. Aber unter dieser Wiese im Chemnitzer Zentrum liegt noch mehr.

Chemnitz, Stadt Chemnitz, Sachsen **Ort** Park der Opfer des Faschismus 1, 09111 Chemnitz **GPS** 50.83054578933103, 12.928808487826124 **Anfahrt** In Chemnitz mit Bus bzw. Tram vom Hbf. zur Zentralhaltestelle oder mit dem Auto bis Parkplatz Theresenstraße

DENKMALE VERSCHIEDENER ZEITEN Wer durch den Park zwischen der aktuellen Großbaustelle am Johannisplatz, Zschopauer Straße und Schauspielhaus läuft, trifft auf viele tragische Skulpturen. Allen voran das Ehrenmal der Vereinigung der Verfolgten des Naziregimes beim Schauspielhaus: Das Denkmal für die Opfer des Faschismus, nach dem der Park 1974 benannt wurde, wurde laut Landesdenkmalamt 1952 vom einheimischen Bildhauer Hanns Diettrich entworfen und aus Rochlitzer und Hilbersdorfer Porphyrtuff (siehe Kapitel 3) geschaffen. Neben eindrücklich emotionalen Plastiken enthält es den mahnenden Spruch: »Sie starben, damit ihr weiterlebt«. Wer nun weiter Richtung Johanniskirche und Zentrum spaziert, kommt an gusseisern eingefassten, efeuberankten Gräbern vorbei. Gräbern?

DER KIRCHHOF Tatsächlich war der heutige Park die längere Zeit seiner Existenz ein Friedhof. Seit dem Bau der Johanniskirche 1566 war der Kirchhof der Hauptfriedhof von Chemnitz und diente noch bis zum Ende des 19. Jahrhunderts zur Bestattung. Mehrfach wurde er erweitert, zum Beispiel in den Jahren 1680 und 1816, »durch das Auftreten verheerender Seuchen nötig gemacht«, schrieb ein E. Weinhold im Kalender von 1913 des *Chemnitzer Tagesblatts* anlässlich der späteren Entwidmung. 1680 gab es eine erhöhte Sterblichkeit aufgrund eines Pestausbruchs, zu 1816 kommen wir noch. 1884 kaufte die Stadt den Friedhof und wandelte ihn Schritt für Schritt zum Park um, mit einem Spielplatz statt Gräberreihen. 1912 wurden eine Reihe von Grabhügeln eingeebnet und viele Familiengrabstätten aufgelöst, berichtete Weinhold, der die Chemnitzer in Text und Bild noch einmal zu einem Spaziergang auf den *Verschwindenden Friedhof von St. Johannis* mitnahm. Ab 1928 und bis 1974 hieß er Karl-Marx-Platz, zur Nazizeit Schlageterplatz. Einige Gräber haben jedoch die Zeitenwenden überdauert, mehr oder weniger augenfällig. Auch ein außergewöhnlicher Chemnitzer liegt hier begraben.

IM TOD GLEICH Die efeuberankten Gräber stehen in einer Gruppe und sind einheitlich gestaltet: die sogenannten Soldatengräber. Sie gehen zurück auf den Deutsch-Französischen Krieg 1870/71. In ihnen liegen acht deutsche Soldaten und ein französischer Soldat, die im Chemnitzer Lazarett ihren Verletzungen erlagen, berichtete Eberhard Hübsch im *65. Jahrbuch des Chemnitzer Geschichtsvereins*. Der sogenannte Einigungskrieg geht auf Bismarcks Hoffnung zurück, ein gemeinsamer Krieg gegen Frankreich würde den Norddeutschen Bund inklusive Preußen und die süddeutschen Staaten vereinigen. Er endete mit der Kapitulation Frankreichs und führte zur Reichsgründung, aber auch zu rund 190 000 verstorbenen

Zur Ehrerweisung? Das Eiserne Kreuz prangt an allen Gräbern.

Soldaten sowie 500 000 Kriegsgefangenen, von denen 18 000 im Lager starben. »Gestorben fürs Vaterland« sind sie laut Grabinschrift übrigens alle neun.

CHEMNITZER BÜRGER Zwei weitere Grabmale mit hohen Gedenksteinen gehören Johann Ambrosius Weigand (verstorben 1868) und dem Webermeister Franz Xaver Rewitzer (verstorben 1869). Weigand war Schuhmachermeister, im Gedächtnis geblieben ist er aber insbesondere als Tanzlehrer und Begründer der Turn- und Tanzlehranstalt. Rewitzer, der 1798 in München geboren wurde, kam auf mehreren Wanderreisen zum Arbeiten nach Chemnitz und blieb schließlich, gründete die hiesige Webschule und war Abgeordneter der Stadtverordnetenversammlung sowie später des Sächsischen Landtags. Die Steine sind quasi stellvertretend erhalten geblieben für alle, die vor über 100 Jahren entfernt wurden. Weinhold schrieb: »Tausende sind hier in die stille Gruft gesenkt wurden, von denen das Wort am Hannschen Grabstein gilt: ›Sie sind dagewesen, haben sich umgesehen und sind wieder gegangen‹: Bürgermeister und Ratsherren, Gelehrte und Handwerker, Arme und Reiche, hoch und niedrig – ein rechter Totentanzzug.«

DER GROSS-ARBEITGEBER Ein Grab, das geblieben ist, aber weniger auffallend und leider hin und wieder Beschmierungen ausgesetzt, ist das von Christian Gottfried Becker. Er war ein Chemnitzer Industrieller, der 1771 geboren wurde und 1820 nur 49-jährig an einer Herzerkrankung verstarb. Dabei war er als Inhaber einer Kattunfabrik und einer

↓ Grabstein für Johann Ambrosius Weigand
↘ Grabmal von Christian Gottfried Becker

Baumwollspinnerei mit 52 Maschinen und 12 000 Spindeln einer, der den Aufstieg der Stadt zum sächsischen Manchester vorantrieb. Rund ein Viertel der Chemnitzer Einwohnerschaft war bei ihm beschäftigt. Vor allem aber zeigte er in Krisenzeiten, aus welchem Holz er geschnitzt war.

KEIN SOMMER, KEINE ERNTE 1815 brach auf der heute indonesischen Insel Sumbawa der Vulkan Tambora mit einer Heftigkeit aus, dass er eine 43 Kilometer hohe Wolke aus Feuer, Magma, Asche und Gestein erzeugte. Zudem blies er große Mengen Schwefelgas in die Luft, was zu Aerosol-Wolken führte, die bis nach Europa gelangten. Sie erzeugten eine globale Abkühlung, die 1816 als »Jahr ohne Sommer« in die Geschichte eingehen ließ. Die Europäer hörten zwar vom Ausbruch – die Verbindung zum kalten Wetter, zu Unwettern und Nachtfrösten und zu der in der Folge ausbleibenden Ernte stellten sie jedoch nicht her. Auch für Deutschland bedeutete das steigende Getreidepreise und eine weit verbreitete Hungersnot 1816 und 1817. Becker wurde währenddessen für viele Chemnitzer zum Retter: Er kaufte Getreide in großen Mengen in Polen ein und ließ es vor Ort in einer eigenen Bäckerei zu Brot verarbeiten und an Notleidende verteilen – zu moderaten Preisen oder ganz umsonst, wie Jörn Richter vom Chemnitzer Geschichtsverein über ihn schrieb.

WOHLTÄTEREI UND ERINNERUNG Auch generell war sein Umgang mit seinen Arbeitern in Teilen fairer und sozialer, als es allgemein zu dieser Zeit üblich war: Er zahlte Erkrankten ihren Lohn weiter und finanzierte medizinische Behandlungen, gab allen zusätzliche freie Nachmittage und soll sogar selbst sechs Waisenkinder in sein Haus aufgenommen haben. Außerdem gründete er eine Fabrikschule für Kinder – allerdings für in der Industrie beschäftigte Kinder, wie der *General-Anzeiger für Chemnitz und Umgegend* 1896 erinnerte. Wir reden also dennoch über Kinderarbeit im heutigen Sinn. In die Chemnitzer Geschichte eingegangen ist er jedenfalls als »einer der größten Wohltäter unserer Stadt« und als »wagemutiger, weitschauender Geschäftsmann«, wie es in dem Bericht über den »verschwindenden Friedhof« im Chemnitzer Kalender 1913 hieß. Auch wenn seine Grabstätte und seine Geschichte heutzutage vielen unbekannt sind, hielten stets geschichtsinteressierte Chemnitzer die Erinnerung an ihn wach: Zum 100. Geburtstag wurde eine Skulptur von ihm am Becker-Platz (dem heutigen Johannisplatz) aufgestellt, doch das Bronzedenkmal wurde im Zweiten Weltkrieg zur Metallgewinnung entfernt. Heute ist er Teil der Ausstellung über große Chemnitzer und Chemnitzerinnen, die der Rotary Club im Roten Turm eingerichtet hat, dem ältesten Gebäude der Stadt. Außerdem wurde ihm 2021 eine »Denk-Mal!«-Platte auf dem Wallweg am Turm gewidmet (Infos zur Ausstellung: www.grosse-chemnitzer.de).

Der jüdische Friedhof

Ein sehenswerter, historischer und zugleich für Beerdigungen noch genutzter Friedhof ist der jüdische am Rand des Kaßbergs. Er wurde 1878 geweiht und hat, bis auf einige Beschädigungen, das Dritte Reich überstanden. Schändungen gab es aber auch danach noch, wie die jüdische Gemeinde berichtete. Neben der Leichenhalle und dem Ehrenmal für die jüdischen Opfer der NS-Gewaltherrschaft sind auch viele der Grabstätten aufgrund ihrer Historie oder Gestaltung bemerkenswert. Ein Freundeskreis der Gemeinde kümmert sich um die Erhaltung (Infos: https://guter-ort.in-chemnitz.de).

3

DIE KÜHLE GASSE

Durch die Teufelsbrücken im Zeisigwald

Diesen Hohlweg zu bauen, war keine leichte Aufgabe. Ob der Teufel seine Hand im Spiel hatte? Sicher nicht. Sonst würden seine Stützmauern auch heute noch halten.

Chemnitz, Stadt Chemnitz, Sachsen **Ort** Dresdner Straße 230, 09131 Chemnitz **GPS** 50.8531708116256, 12.96170497656141 **Anfahrt** In Chemnitz mit Linie 32 vom Hbf. bis Haltestelle Steinweg oder mit dem Auto die B173 Richtung Flöha nehmen

Blick durch die Teufelsbrücken: Durch den Hohlweg mussten die Fuhrwerke aus dem Steinbruch.

DER GANG IM BUCHENWALD Der Zeisigwald ist ein Chemnitzer Zufluchtsort. Ruhe, frische Luft und Natur tun nicht nur den Großstädtern gut. Auch der Jakobsweg führt hindurch. Ganz anders wirkt ein Ort im Norden des Stadtwalds nahe der Dresdner Straße. Dort führt ein Gang zwischen zwei Hügeln hindurch, gestützt von graugrünen Steinmauern und ebensolchen Bogen über dem Weg. Dunkel und kühl ist es in der künstlichen Schlucht, und man fühlt sich wie ein Eindringling in eine gut gesicherte Festung. Auch wenn der Verfall deutliche Spuren hinterlassen hat und manche Mauern bröckeln, so hat das Bauwerk nichts von seiner Wirkung eingebüßt. Es sind die in den 1880er-Jahren errichteten Teufelsbrücken aus verwittertem Porphyrtuff.

Der Steinbruch ist heute ein Flächennaturdenkmal.

ZUFAHRT ZUM STEINBRUCH Der Hohlweg galt als einzig möglicher Transportweg für Arbeiter und Material aus dem nahen Porphyrsteinbruch, der als Ratsteinbruch und Findewirthscher Steinbruch bekannt ist. Die Instabilität der Halden, die ihn links und rechts begrenzen, soll immer wieder zu Unfällen geführt haben, weshalb der Betreiber des Steinbruchs ab 1880 zunächst Stützmauern, dann Porphyrverstrebungen und schließlich aus Ziegeln gemauerte Bogen anbringen ließ, um den Gang zu befestigen. Laut dem Amt für Denkmalpflege wurden die Querverstrebungen nachträglich gesetzt – vermutlich, weil die Mauern nachgegeben hatten.

VULKANAUSBRUCH AM BEUTENBERG Porphyrtuff, wie er in Hilbersdorf zu finden ist, ist ein vulkanisches Material und in diesem Fall beim Vulkanausbruch des heutigen Beutenbergs vor 291 Millionen Jahren entstanden. Bereits seit dem 16. Jahrhundert wurde er im Zeisigwald abgebaut. Das 19. Jahrhundert kann als Hochphase bezeichnet werden. Als einfach zu verarbeitendes Baumaterial war der Hilbersdorfer Porphyrtuff heiß begehrt. Laut dem Museum für Naturkunde Chemnitz waren im Sommer 1888 etwa 1500 Arbeiter in 40 Steinbrüchen zugange. »Hilbersdorf hat gegen 3000 Einwohner, welche größtenteils in den nahegelegenen Steinbrüchen oder auf dem Werkstättenbahnhof beschäftigt sind«, schrieb Carl Ehrhardt 1883 im *Leitfaden der Heimatkunde von Chemnitz*.

VERFALLENES DENKMAL Mit dem 20. Jahrhundert, mit der Konkurrenz des Betons und anderer Natursteine, ging das Interesse am Porphyr merklich zurück. Seit 1918 wird auch im letzten aktiven Steinbruch, eben dem Findewirthschen, nicht mehr gearbeitet. Im Zeisigwald sind Ruhe und Naturschutzgebiete eingekehrt. Eine Ausnahme stellen Entnahmen für den Wiederaufbau nach dem Zweiten Weltkrieg dar. Die Teufelsbrücken stehen zwar unter Denkmalschutz, sind über die Jahre aber immer weiter verfallen. Besonders um ihre Rettung verdient gemacht hat sich der Freundeskreis des Museums für Naturkunde, der regelmäßig Arbeitseinsätze durchführt. Eine grundlegende Sicherung

Die Stützmauern sollen die Halden in Schach halten.

des Bauwerks würde aber Millionen Euro verschlingen, berichtete *Tag24* kürzlich. Deshalb – und weil die Mauern weiter unter dem Druck der Halden stehen – stehen Bauzäune vor dem Denkmal und Schilder weisen auf die Einsturzgefahr hin. Nichtsdestotrotz ziehen der düstere Gang und sein Name viele Spaziergänger an.

KEIN SELTENER NAME Die Bezeichnung Teufelsbrücke ist aber nicht einzigartig, nicht einmal in Sachsen. Auch die bei Fotografen beliebte Rakotzbrücke in Kromlau, die mit ihrer Spiegelung einen Kreis bildet, ist unter dem Namen bekannt. Weitere Beispiele finden sich in Tirol über der Tuxbachklamm oder in der Schweizer Schöllenen-Schlucht auf dem Weg zum Gotthardpass sowie in anderen Sprachen und Ländern. Oft werden so natürliche oder künstliche Brücken benannt, bei deren schwieriger Erbauung oder Entstehung nur der Teufel seine Hand im Spiel gehabt haben konnte. Eine Erklärung, die aufgrund ihrer Stützfunktion auch auf das Chemnitz-Exemplar passen könnte.

EINE VERSCHWUNDENE BRÜCKE Ein anderer Bezug ist auch möglich, denn neben den Teufelsbrücken liegt die Engelshalde als Kontrapunkt. Heute ist der Hügel zugewachsen, aber Ende des 19. Jahrhunderts war das nicht der Fall, weshalb darauf auch ein Vermessungsstein steht. Carl Ehrhardt zufolge bot sie »eine reizende Rundschau über Chemnitz mit seinen Nachbarorten«. Der Gegensatz zwischen dem düsteren Weg und dem lichten Hügel ist offensichtlich. Eine weitere Theorie verweist auf eine Holzbrücke, die sich laut Denkmalamt in den Lageplänen von 1871 und 1888 quer über den Weg spannte. Die Überquerung, vor allem mit schwerem Transport aus dem Steinbruch, soll holprig und auch nicht ungefährlich gewesen sein – weshalb sich bei den Arbeitern der Name Teufelsbrücke etablierte, so der Freundeskreis.

BAUMATERIAL UND ZIERDE Was mit dem im Zeisigwald gewonnenen Porphyr geschah und wie schön er aussehen kann, kann man zwischen Dresdner Straße und den Teufelsbrücken sehen: Etwa auf halbem Weg steht ein (bewohntes!) Haus, das der Obermeister der Chemnitzer Steinmetzinnung Friedrich Ernst Otto 1869 errichtete. Zu dem Zeitpunkt war er auch Betreiber des Steinbruchs. Es ist im neogotischen Stil aus Porphyrtuffquadern gebaut und steht unter Denkmalschutz. Wer offenen Auges durch Chemnitz geht, wird an vielen Fassaden Porphyrelemente entdecken. Der Wohnungs- und Industriebau in der Stadt war der größte Abnehmer aus den Brüchen in Hilbersdorf.

Dem Vulkan auf der Spur

Wer sich die Teufelsbrücken anschaut, kann auf eigene Gefahr hindurchgehen und kurz darauf einen Blick in den Findewirthschen Steinbruch werfen. Beide Orte sind auch Teil einer rund 5 Kilometer langen Tour des Naturkundemuseums, des Vulkan-Wanderwegs. Die Route, Wissenswertes zu sieben Stationen am Weg sowie nützliche Tipps findet man auf www.gabeo.de/Vulkanwanderwege.html. Sie führt auch an der Zeisigwaldschänke vorbei, die lange Zeit als »altes Hexenhaus« vor sich hinrottete, bis sie wieder hergerichtet wurde, sodass deren Biergarten nun wieder zu einer Pause einlädt. In die Zeit vor und dank multimedialer Show während des Vulkanausbruchs entführt die Dauerausstellung im Naturkundemuseum, das sich im Zentrum von Chemnitz, im Tietz, befindet – ebenso wie der berühmte Versteinerte Wald. Noch immer wird in Chemnitz erfolgreich nach Fossilien gegraben. Zu besonderen Anlässen ist das »Fenster in die Erdgeschichte« auf dem Sonnenberg auch für Besucher zugänglich.

↓ Das Betreten der einsturzgefährdeten Teufelsbrücken erfolgt auf eigene Gefahr.

↘ Bänke laden zum Verweilen am alten Porphyrsteinbruch ein.

Im Hinterhof ein Bild der Verwüstung: Die einstige Zentrale der Gebrüder Sussmann AG an der Altchemnitzer Straße 40

4

DIE FETTEN JAHRE SIND VORBEI

Die Industriebrachen von Altchemnitz

Nicht nur Fabriken, auch einige einst repräsentative Verwaltungssitze stehen in dem Stadtteil leer. Statt dem arbeitsamen Gewusel von Fabrikarbeitern in und um die Produktionshallen sind darin illegale Abenteuerspielplätze für Erwachsene entstanden, so scheint es.

Chemnitz, Stadt Chemnitz, Sachsen

Ort Altchemnitzer Straße 40/46, 09120 Chemnitz
GPS 50.818753635659554, 12.922054907932033

Ort Waplerstraße 1, 09120 Chemnitz
GPS 50.81575079303264, 12.913340121935667

Anfahrt Mit Linie 52 von der Zentralhaltestelle bis Haltestelle Bruno-Salzer-Straße bzw. Waplerstraße oder mit dem Auto bis Altchemnitzer bzw. Annaberger Straße/B95

EIN FLEISSIGES VIERTEL Baumwollspinnereien, Maschinenbau, Webereien, Ziegeleien, später Fahrzeugbau und Elektroindustrie: Die Breite und Menge der Industriebetriebe im heutigen Stadtteil Altchemnitz war im 19. und 20. Jahrhundert mehr als beachtlich. Schon 1822 beschrieb ihn C. G. Kretschmar in *Chemnitz, wie es war und wie es ist* treffend: »Der ganze Strich von Altchemnitz bis in die Chemnitzer Auevorstadt ist eine fast ununterbrochene Fabriktätigkeit.« 100 Jahre später – 1894 wurde Altchemnitz eingemeindet – stimmte das noch immer. Und auch heute produzieren zahlreiche Firmen mit großen Namen in dem uninahen Viertel. Doch nach den Irrungen und Wirrungen des 20. Jahrhunderts machen Teile von Altchemnitz einen ganz anderen Eindruck: von Verfall und Niemandsland, wo Gestrüpp, Müll und Asche überdecken, was einst Arbeitsstätte und Stolz vieler Chemnitzer war.

KULTURDENKMALE MIT POTENZIAL Zwei traurige Beispiele liegen direkt nebeneinander: Sie erzählen zugleich von der Architektur repräsentativer Gebäude am Anfang des 20. Jahrhunderts und vom Vergessenwerden. Wo die Altchemnitzer Straße die Bahnstrecke verlässt, stehen zwei ehemalige Verwaltungsgebäude. Beide waren noch über die Wende hinaus in Benutzung, doch inzwischen warten sie schon lange auf eine neue Verwendung. Eine Umwidmung des Areals zum Mischgebiet sollte sie bringen. Nun stehen auch Fördermittel für Sanierungen in dem Stadtteil bereit.

VON STRUMPFWAREN ZU ÄMTERN In der Hausnummer 40 saß einst die Zentrale der Gebrüder Sussmann AG. Die jüdischen Kaufleute, Adolf und Hermann Sussmann, waren 1888 aus Köln nach Chemnitz gekommen, um hier Strumpfwaren zu verkaufen und schließlich auch zu produzieren, wie in der Altchemnitzer Stadtteilgeschichte *Von der Wolfsjägersiedlung zum Hightech-Standort* berichtet wird. 1923 ließen sie das Gebäude als Verwaltungsbau mit traditionalistischer Prägung errichten. Die prägnante Krümmung folgt dabei der Kurve in der Straße. »Außerordentlich qualitätsvoll«, ordnet das Landesdenkmalamt ein. 1938 wurden die jüdischen Brüder enteignet und die Deutsche Textilindustrie übernahm ihre Gebäude. In der DDR-Zeit saß zunächst das KWU, das Kommunalwirtschaftsunternehmen des Kreises, darin, dann kurzzeitig die Bezirksleitung der SED und schließlich bis zur Wende der Wirtschaftsrat des Bezirks, wie ein Blick in historische Telefonbücher zeigt. Unter den letzten Nutzern noch in den 2000ern soll das Landesjugendamt gewesen sein.

Die 46 war einst ein repräsentativer Sitz für Firmen der Textilindustrie.

↑ Fachschule an der Elsasser Straße
↗ Textima an der Altchemnitzer Straße

DER TEXTILINDUSTRIE VERPFLICHTET Nebenan, in der Hausnummer 46, hatte ab der DDR-Zeit das Textima-Kombinat seinen Sitz, später die Textima AG, wie die Stadtteilgeschichte berichtet. Gebaut wurde es um 1910 im Stil der Reformarchitektur, so das Landesdenkmalamt, das es als »repräsentatives, anspruchsvoll gestaltetes Bürogebäude« einordnet. In den 1920er-Jahren hatte eine Zweigniederlassung der Lößnitztal Textil-AG aus Oederan ihren Sitz darin, wie der Bericht über die Eintragung ins Handelsregister im Sächsischen Staatsblatt zeigt. Die Textilindustrie spielte also bereits zu Beginn eine Rolle im Haus. Das Textima-Kombinat war ein Textilmaschinenproduzent, der von 1948 bis 1996 existierte – der größte im »Ostblock«. Was von vorn noch den Eindruck erweckt, zugewachsen, aber immer noch sehr stattlich zu sein, sieht beim Blick in die Hinterhöfe ganz anders aus: Offene Türen, kaputte Garagen und Müllberge sind für sich kein gutes Zeichen. Dazu sieht man deutlich, dass es auf dem Gelände um die beiden Häuser mehrfach gebrannt hat. Noch verfallener ist die ehemalige Fachschule für Wirkerei- und Strickerei-Industrie auf der Rückseite an der Elsasser Straße.

BUNTE FARBE AUF ALTE WÄNDE Eine bessere Idee, um Aufmerksamkeit auf Brachen und ihre Geschichten zu lenken, hatte der Künstler Tasso in Meerane 2006: mit Streetart Menschen in die Gebäude locken. Die Ibug war geboren, die Industriebrachenumgestaltung. Mittlerweile ist daraus ein jährliches Festival geworden, das Kunstschaffende, Fans und Neugierige in sächsische Fabrikruinen lockt. 2018 wurde die ehemalige zum Textima-Kombinat gehörende Fabrik in der Waplerstraße umgestaltet, nur 800 Meter von den beiden Gebäuden an der Altchemnitzer Straße entfernt. Mindestens 20 Jahre hatte die einstige Nadel- und Platinen-Fabrik

(NaPlaFa) da bereits leer gestanden. Von einer Schweizer Firmengruppe übernommen, hatte sie noch zu Nachwendezeiten an der Waplerstraße produziert und war 1998 in einen Neubau gezogen. An der Waplerstraße, vor allem im Hinterhof, erzählten noch viele Graffiti- und Streetart-Kunstwerke an der Fassade von den letzten bunten, lebhaften Tagen 2018. Doch 2025 begann der Abriss, ein Lebensmitteleinzelhändler will das Grundstück neu bebauen. Die Ibug zieht weiter: 2025 hat sie eine neue Brache in Chemnitz auserkoren. Welche verrät sie auf: ibug-art.de

Neues Leben

Bei der Vielzahl an ehemaligen Produktionsstandorten ist der Verfall einiger kein Wunder, andere hingegen haben eine Sanierung und Umnutzung erfahren. Zu den prominenten Beispielen in der Nähe gehört der Wirkbau am nördlichen Rand des Stadtteils, den man schon von Weitem am Uhrenturm erkennt (ebenfalls von Basarke errichtet, siehe Kapitel 5). Ursprünglich das größte Werk für Textilmaschinen innerhalb Deutschlands, nutzen seit dem Umbau 1996 rund 50 Firmen den Komplex – darunter mit Staffbase ein wachsendes, mittlerweile internationales Softwareunternehmen. Das Nomad und der Bohnenmeister sind Einkehrmöglichkeiten mit Industriecharme. Jüngere Beispiele für eine gelungene Umnutzung sind der Spinnereimaschinenbau auf der Altchemnitzer Straße, der als »Spinnbau« die Übergangsbühne des Schauspielhauses darstellt, sowie die alte Aktienspinnerei am Omnibusbahnhof, die nach langem Leerstand seit 2020 die Universitätsbibliothek beherbergt.

Dank Streetart-Festival konnte die "NaPlaFa" an der Waplerstraße kurzzeitig belebt werden. Trotzdem treten nun Abrissbagger in Aktion.

5

LEGENDEN STEHEN LEER

Haus Einheit und die Wanderer-Werke an der Zwickauer Straße

Kultur und Wirtschaft lagen an dieser Chemnitzer Straße einst nah beieinander. Kulturelle Impulse hinterlässt das Kulturhauptstadtsjahr 2025 im ehemaligen Straßenbahndepot. Zwei berühmte Brachen werden aber noch länger brauchen.

Chemnitz, Stadt Chemnitz, Sachsen

Ort Zwickauer Straße 152 a und b, 09116 Chemnitz
GPS 50.82239831105358, 12.892427277628368

Ort Zwickauer Straße 202, 09116 Chemnitz
GPS 50.820694392329045, 12.882738540787743

Anfahrt In Chemnitz vom Hbf. mit der Tram 1 bis Kappler Drehe bzw. Messe Chemnitz oder mit dem Auto auf der Zwickauer Straße/B173 Richtung Oberlungwitz

Die Fassade des »Haus Einheit« an der Zwickauer Straße weiß immer noch zu beeindrucken.

WO JEDER GEFEIERT HAT Einen Ur-Chemnitzer zu finden, der keine Geschichte vom »Haus Einheit« erzählen kann, ist eine schwierige Aufgabe. Eine Erinnerung an ein Fest, einen Tanzkurs, die Disco oder schließlich die Konzerte in den 1990er-Jahren haben fast alle. Aufgrund seiner wechselvollen Nutzung hat es ein interessantes Kapitel Chemnitzer Geschichte geschrieben – für jeden Besucher ein anderes.

EIN LOKAL FÜR DIE PARTEI Dass das Gebäude wie Stückwerk wirkt, täuscht nicht. Der älteste Teil ist die Gaststätte mit Saal von 1886, die unter dem Namen Colosseum bekannt und vom Besitzer der Feldschlösschen-Brauerei in Auftrag gegeben worden war. Um die Jahrhundertwende entstand der rechte Anbau, 1909 der linke. Da war das Gebäude bereits im Besitz der Chemnitzer SPD, die für Parteiversammlungen auf der Suche nach einem Lokal gewesen war und ab April 1904 ihren Sitz im dann Volkshaus genannten Haus hatte, wie Jörn Vieweg für die Chronik der Chemnitzer SPD zusammengetragen hat.

ANLAUFPUNKT FÜR ARBEITER Von Anfang an aber diente es nicht nur der Partei: So fand im Januar 1905 ein »Kongreß sächsischer Textilarbeiter und Textilarbeiterinnen« statt, weil es nach Beitragserhöhungen Massenaustritte aus dem Berufsverband gegeben hatte, so das *Leipziger Tageblatt*. 1906 führte eine Volksversammlung zum Ende des »Bierkrieges« (nicht der erste in Chemnitz), woraufhin die Brauereien den Bieraufschlag senken und alle entlassenen Arbeiter wieder einstellen mussten, berichtete das *Riesaer Tageblatt*. Mit dem Anbau 1909 fanden ein Arbeitersekretariat, Büros für Gewerkschaftsleitungen und Arbeiterorganisationen Platz, ein neuer Saal und Konzertgarten entstanden und im Ursprungsgebäude wurden

Am Anbau erinnert ein kunstvoller Türstock an das Jahr der Errichtung.

Gästezimmer untergebracht. Die SPD hielt das Volkshaus in den Kriegsjahren auch dank Volksküche am Laufen und konnte es 1927 modernisieren.

DUNKLES KAPITEL UND NEUBEGINN Doch mit der Machtübernahme der Nationalsozialisten 1933 besetzte die SA das Haus. Während des Zweiten Weltkriegs sollen ausländische Zwangsarbeiter darin untergebracht worden sein. Danach ging es in Volkseigentum über und wurde von der FDGB und dem FDJ geleitet – als Klubhaus Fritz Heckert oder, wie es die Chemnitzer Jugend nannte: Heckhaus Fritz Klubert. Soll wohl heißen: Im »Klub der Jugend und Sportler« ging es nicht immer so ernst zu, wie der Name vermuten ließe. Neben Disco und Konzerten trafen sich Interessengruppen im Klubhaus, zum Beispiel ein Zeichenzirkel. In den 1970ern zog die Tanzschule Köhler (heute Köhler-Schimmel) ein und blieb für 30 Jahre, unterrichtete Schüler und Erwachsene und organisierte Tanzabende, wie sie in ihrer Chronik erzählt. Mit dem Juka (kurz für Jugend in Karl-Marx-Stadt) gab es sogar einen eigenen Tanz.

EINE ADRESSE FÜR LIVE-MUSIK Mit der Wende fiel das Haus an die Stadt: Als »Haus Einheit« diente es nun Vereinen vor allem aus dem soziokulturellen Bereich und der Kinder- und Jugendarbeit sowie dem Schulverwaltungsamt als Sitz. Die prägende Rolle übernahm der Kraftwerk e. V., der heute an der Kaßbergstraße sitzt und sich 1993 als Dachverband gegründet hatte. Legendär ist vor allem die Liste an Konzerten, die in einem Haus stattfanden, das für Vorbeigänger wie ein gewöhnliches Wohnhaus aussehen könnte: Rammstein, Rosenstolz, Die Prinzen, TicTacToe, Die Ärzte, Fettes Brot, Shaggy, Wu Tang Clan sowie viele Bands jenseits des Mainstreams gaben sich die Klinke in die Hand. Sogar das Hiphop-Festival splash! feierte hier seine Premiere, das Dark Storm Festival war mehrfach zu Gast. Doch auch dieses Kapitel endete 2003, als der Verein Kraftwerk umzog. Schon damals soll das Gebäude stark sanierungsbedürftig gewesen sein. Tiefpunkt des Leerstands: 2012 brach ein Feuer im Dachstuhl aus. Die Polizei ging von Brandstiftung aus.

DIE BRACHE MIT DEN GROSSEN NAMEN Manch Besucher der Chemnitzer Messe wird sich gefragt haben, was einst in der großen Fabrik jenseits des Parkplatzes produziert wurde – nicht ahnend, dass man die Produkte oder die Marken kennt. Die Geschichte begann 1885 mit einer Fahrradwerkstatt mit Verkauf, die zehn Jahre später bereits 250 Angestellte hatte: Aus der Werkstatt von Johann Baptist Winklhofer und Richard Adolph Jaenicke sind die Wanderer-Werke entstanden, die Ende des Jahrhunderts an die Zwickauer Straße umzogen. Zunächst stellten sie Fahrräder, später auch Motorräder und Schreibmaschinen her – diese ab 1905 unter dem Namen Continental, wie das Sächsische Industriemuseum berichtet. Fräs- und Rechenmaschinen sowie Autos gehörten schließlich auch zum Sortiment – bis die Pkw-Sparte 1932 an die Auto Union (Ursprung von Audi, siehe auch Kapitel 6) verkauft wurde.

EIN NAME WANDERT Während des Zweiten Weltkriegs produzierte Wanderer Rüstungsgüter, 1948 folgte die Enteignung. Anschließend wurden die Werke als VEB Wanderer Fräsmaschinenwerk Siegmar-Schönau und VEB Büromaschinenwerk Wanderer-Continental neu gegründet. Ab 1955 stellte der VEB Industriewerke Karl-Marx-Stadt an der Zwickauer Straße Flugzeugmotoren und ab 1961 Hydraulik-Bauteile her. Die Marke Wanderer zog in die BRD und gehört heute einem Kölner Fahrradhersteller. Im Jahr 1992 wurden die Industriewerke abgewi-

Das Eckhaus der Wanderer-Werke mit dem prägnanten Uhrenturm

ckelt, ab 2008 die Wanderer-Werke zur Auktion angeboten.

FABRIK-CHIC Das herausragendste Gebäude ist die ehemalige Büromaschinenproduktion, das große Eckhaus mit Uhrenturm, Kessel- und Maschinenhaus. Es ist zwischen 1912 und 1918 gebaut worden, zuständig war das Chemnitzer Architekturbüro Zapp & Basarke. Erich Basarke hat eine Vielzahl prägnanter Fabriken, Hotels und Banken entworfen, zum Beispiel die Filiale der Deutschen Bank am Falkeplatz. Die ältesten Gebäude der großen Anlage – die sich über die Jaenickestraße hinweg erstreckt – sind von 1895, die jüngsten von 1957. Dennoch hat neben dem Zahn der Zeit auch der Abrissbagger daran geknabbert. Tiefpunkt des Leerstands: 2017 wurde ein Mann unter einem Vorwand hineingelockt und umgebracht. Wegen Mordes verurteilt wurde zwei Jahre später sein Mitbewohner, der aufgrund einer psychischen Erkrankung in einer psychiatrischen Klinik untergebracht wurde.

MOTIVATION 2025 Was die beiden Brachen gemeinsam haben? Den Leerstand und den Vandalismus, Denkmalschutz und die Lage in der Nähe des Garagen-Campus – einem Hauptprojekt der Kulturhauptstadt im ehemaligen Betriebshof der Chemnitzer Verkehrs-AG. In dem Zusammenhang erhoffte sich Chemnitz auch Impulse für die Aufwertung der Zwickauer Straße. Neues Leben ist beispielsweise in eine ehemalige Tüllfabrik nahe des Hauses Einheit gezogen, die nun als »die fabrik« von sich reden macht. Wer die Zwickauer Straße vom Industriemuseum stadtauswärts fährt, wird aber noch die ein oder andere leere Fabrik entdecken. Die beiden Brachen sind in Privatbesitz. 2019 wurden die Wanderer-Werke einmal für Besucher geöffnet, der damalige Eigentümer war auf Mietersuche. Seit 2023 gehört das große

Am Fuß des Uhrenturms befindet sich dieser Durchgang.

Areal einer Spedition, die nun nach und nach Gebäude umnutzt. Die Fassaden haben aber noch die Patina von eh und je. Das Haus Einheit wurde 2017 verkauft, ist aber bis auf Sicherungsmaßnahmen noch im gleichen Zustand. Ab 2028 soll es denkmalgerecht saniert werden.

Der Garagen-Campus

Der ehemalige Betriebshof und das Straßenbahndepot der Chemnitzer Verkehrs AG wurden anlässlich der Kulturhauptstadt 2025 umgestaltet: Der »Garagen-Campus« soll langfristig ein Kulturort werden. Teil dessen bleibt das Straßenbahnmuseum, das von einem rührigen Verein betrieben wird (April–Okt., Do–Sa, 10–16 Uhr). garagen-campus.de

Die etwas verspieltere Rückseite des Krankenhauses am Stadtpark hat schon bessere Zeiten gesehen.

6

HIER OPERIERT KEINER MEHR

Das ehemalige Krankenhaus am Stadtpark

Leerstand und Betriebsamkeit liegen in Chemnitz mitunter nah beieinander. Auf der einen Seite der Scheffelstraße schrauben fast 2000 Menschen Motoren für VW zusammen, auf der anderen herrscht Totenstille.

Chemnitz, Stadt Chemnitz, Sachsen **Ort** Scheffelstraße 110, 09120 Chemnitz **GPS** 50.80222903731539, 12.907129061054267 **Anfahrt** In Chemnitz von der Zentralhaltestelle mit Tram 5 bis Haltestelle Scheffelstraße oder mit dem Auto auf der Annaberger Straße bis Scheffelstraße

KLINIK MIT INDUSTRIEVERGANGENHEIT Die Klingel für den Nachtwächter funktioniert längst nicht mehr. Es öffnet auch niemand die Schranke für Krankenwagen. Das Krankenhaus am Stadtpark wird nicht mehr gebraucht. Es wurde in die Hauptstandorte des Klinikums Chemnitz integriert, heißt es auf dessen Webseite. Und nun? Von 1946 bis 1997 hatte das Gebäude eine wichtige Aufgabe zu erfüllen. Jetzt – entkernt und gesichert – harrt es der Dinge, die kommen.

BÜROS FÜR FAHRRADHERSTELLER Angefangen hat die Geschichte des Hauses 1911, als es die Presto-Werke als Verwaltungsgebäude zusammen mit einer Produktionshalle eröffneten. Presto war ein zunächst aufstrebender Fahrrad- und Autohersteller, der aus wirtschaftlichen Gründen 1928 Teil der Nationalen Automobilgesellschaft (NAG) wurde. Die Automobilproduktion zog damit nach Berlin, bis 1935 wurden aber noch Fahrräder in der Scheffelstraße produziert, darunter einige der ersten motorisierten Modelle. Doch 1935 verkaufte die NAG das Werk für fast 2,5 Millionen Reichsmark.

MARKE MIT VIER RINGEN Erst danach bekam das Gebäude seine heutige Gestalt und wurde im Stil der Zeit umgebaut und erweitert. Das Landesdenkmalamt betont die »bemerkenswerte Fassadenabwicklung mit neoklassizistischen Formanklängen« bei seiner Beurteilung als industrie- und baugeschichtlich bedeutendes Denkmal. Der Käufer und verantwortlich für den Umbau war die Auto-Union AG. Sie war 1932 in Zschopau gegründet worden und durch die Fusion der Zschopauer Motorenwerke (DKW), der Audiwerke Zwickau, der Horchwerke Zwickau und dem Automobilwerk Siegmar der Wanderer-Werke (siehe Kapitel 5) entstanden. Ab 1936 hatte sie ihren Hauptsitz an der Scheffelstraße.

NACHKRIEGSENTSCHEIDUNGEN Doch 1940 stieg sie in die Rüstungsproduktion ein, wie das Sächsische Industriemuseum Chemnitz berichtet. In den Chemnitzer Gießereien wurden nun Panzerteile produziert, teilweise unter dem Einsatz von Zwangsarbeit. Das besiegelte ihr Schicksal in der Nachkriegszeit: Die Sowjetarmee besetzte 1945 einige Betriebe wie auch die Auto-Union und begann bereits im Juni mit der Demontage, wie Dr. Wolfgang Uhlmann vom Chemnitzer Geschichtsverein berichtet. Nachdem 1946 der Volksentscheid über das Gesetz über die Übergabe von Betrieben von Kriegs- und Naziverbrechern in das Eigentum des Volkes zugunsten der Enteignung ausging, verlor die Auto-Union ihre Produktionsstätten.

Nachbar an der Scheffelstraße: der VEB Spezialgehäusebau

DAS 800-BETTEN-HAUS Noch im selben Jahr befahl die sowjetische Militärkommandantur die Einrichtung des Krankenhauses in der einstigen Firmenzentrale. Es öffnete mit 800 Betten seine Türen im Nachkriegsdeutschland. Später gab es an dem Standort Kliniken und Abteilungen für Haut- und Geschlechtskrankheiten, HNO, Innere Medizin, Sportmedizin und ab 1980 für Hämatologie, wie man in der *Chronik des Klinikums Chemnitz* nachlesen kann. Aber trotz Umstrukturierungen auf zuletzt nur noch 300 Betten und Teilmodernisierungen war das einstige Bürogebäude modernen Klinikanforderungen nicht gewachsen. Selbst die sanitären Anlagen werden als unzureichend beschrieben. Nach der Verlagerung aller Kliniken fiel das Gebäude an die Stadt, die es 2008 versteigern ließ. Seither hatte es verschiedene Eigentümer mit verschiedenen Absichten – einer investierte sogar in den Standort. 2022 plante ein Investor die Sanierung.. Produziert wird auf dieser Seite der Scheffelstraße aber aktuell nichts.

VERGESSEN TROTZ INDUSTRIAL CHIC
Das ist noch nicht alles: An diesem ruhigen Ende der Scheffelstraße liegen – zugewachsen und verwildert – auch die ehemalige Stahlmöbelfabrik und die Villa des Fabrikanten Otto Brückner. Falls Ihnen der Name nichts sagt: In den einschlägigen Online-Verkaufsbörsen werden Werkzeugschränke und Spinde aus Brücknerscher Produktion für hunderte, wenn nicht tausende Euro gehandelt. Ein zweitüriger Stahlspind mit verschwindenden Türen – eine Spezialität Brückners – von 1920 ist beispielsweise für 1450 Euro zu haben. »Finally found an untreated Otto Brückner« (deutsch: endlich einen unbehandelten Otto Brückner gefunden), schreibt ein Fotograf, der ein altes Pfarrhaus einrichtet, bei Twitter. Mit ande-

Haupteingang des einst 800 Betten umfassenden Krankenhauses

ren Worten: Hipster (mit Geld) lieben die Stahlmöbel aus Chemnitz, während die ehemalige Produktionsfläche brachliegt. Gut, ein hinterer Teil der Fabrik mit dem auffallenden Treppenturm an der Front wird genutzt, aber Gelände und Villa verfallen zunehmend. Einst befand sich hier, an der Scheffelstraße 112, nicht nur die Produktion, sondern auch eine Ausstellung der offenbar langlebigen Möbelstücke. Das repräsentative Fabrikgebäude im Baustil der Moderne – weswegen Chemnitz »Stadt der Moderne« als Slogan gewählt hat – stammt aus den 1920er-Jahren und steht aufgrund seiner baugeschichtlichen Bedeutung unter Denkmalschutz. Über die Villa lässt sich das indes nicht sagen.

Eingang zur Villa von Otto Brückner, der in der Fabrik Stahlmöbel bauen ließ

VATERS EHEMALIGER BETRIEB? Noch während des Zweiten Weltkriegs wurde der Betrieb stillgelegt. *Die Geheimregistrande Betriebsstilllegungen und Umsetzungen der Belegschaft* nennt Otto Brückner Nachfahren als eine der betroffenen Firmen – vermutlich, um die Produktionsstätte stattdessen für Kriegsgüter einzusetzen. Einen Neubeginn gab es als Fa. Otto Brückner KG, aber er war nicht von Dauer: 1972 wurden die verbliebenen privaten Betriebe in der DDR zwangsverstaatlicht. In der Scheffelstraße 112 produzierte nun der VEB Spezialgehäusebau, in seinem ehemaligen Wohnhaus saß die Verwaltung. Seit wann die Villa leer steht, lässt sich nicht mehr nachvollziehen – lange genug für zahlreiche Schäden an Wänden und Böden jedenfalls.

Der Stadtpark

Der Stadtpark befindet sich direkt am anderen Ufer der Chemnitz. Es handelt sich um die größte Parkanlage der Stadt, die von der Innenstadt bis nach Hartha führt – auf rund 5 Kilometern am Fluss entlang. Unterwegs gibt es Teiche, angelegte Gärten wie das Rosarium, Spielplätze und jede Menge Wege zum Spazieren und Fahrradfahren. Angelegt wurde der Park ab dem Ende des 19. Jahrhunderts als Bürgergarten nach einigen Schenkungen von Stadträten und Industriellen. Auf dem Gelände in der Nähe der Beckerstraße soll sich 1470 bis 1560 eine Saigerhütte befunden haben, die in alten Karten und im berühmten Standardwerk über das Berg- und Hüttenwesen *De re metallica* von Georgius Agricola (siehe Kapitel 31) festgehalten wurde, der auch Stadtarzt und Bürgermeister von Chemnitz war. 2009 bis 2011 führte das Landesamt für Archäologie Radarmessungen und Grabungen im Stadtpark durch. Die Gebäude bzw. Kupferöfen konnten nicht gefunden werden, aber Hinweise auf die Schmelzvorgänge der Saigerhütte.

Die Zahnräder stehen still: Das Wehr am Wildwasserkanal ist zugewuchert.

ZWICKAU

7

DIE FIESEN SCHWESTERN

Der Böse Brunnen im Weißenborner Wald

Im größten Zwickauer Stadtwald gab es einst eine Siedlung. Was von ihr übrig geblieben ist, ist ausgerechnet der Ort einer Spukgeschichte.

Zwickau, Landkreis Zwickau, Sachsen **Ort** Rappendorf (Böser Brunnen), Werdauer Straße, 08060 Zwickau **GPS** 50.734960068239815, 12.439789793582763
Anfahrt Mit dem Zug nach Zwickau und Buslinie 159 zur Haltestelle Weißenborn Waldpark oder mit dem Auto die Innenstadt auf der Crimmitschauer Straße verlassen, vor der Hausnummer 133 liegt der Parkplatz.

Tatort eines heimtückischen Mordes: der Böse Brunnen

VON DEN HUSSITEN VERWÜSTET Im Weißenborner Wald, in der Nähe des Zwickauer Ortsteils Marienthal, gab es einst noch ein Dorf. Heute braucht man etwas Fantasie, um sich unter den hohen Laubbäumen ein Waldhufendorf vorzustellen – noch dazu am Hang über dem Tiefen Tal, das seinen Namen verdient. Rappendorf soll Lehngüter, Äcker und eine kleine Burg umfasst haben: das Raubschloss Rappendorf. Doch dem Überfall der Hussiten war es nicht gewachsen. Allerdings auch nicht die Städte Plauen, Hof und Bayreuth, die im selben Jahr dran glauben mussten. 1430 wurde das Dorf niedergebrannt und nie wieder aufgebaut. Die Hussiten waren radikale Anhänger einer christlichen Reformbewegung aus Böhmen, die auf Jan Hus zurückgeht. Als dieser 1415 als Ketzer auf dem Scheiterhaufen verbrannt wurde, eskalierte der Konflikt mit der katholischen Kirche. Ein Kreuzzug gegen die Hussiten wurde in Gang gesetzt. Im Gegenzug überfielen sie benachbarte Territorien, um sie auszuplündern und ihren Glauben zu verbreiten. Eine Strategie, die überlebt hat – mit streitbarer Wirksamkeit.

600 JAHRE ALTE FUNDAMENTE Von der Wüstung Rappendorf ist zweierlei am Waldrand übrig geblieben: ein Turmhügel, auf drei Seiten von einem Graben umgeben, und eine Vertiefung, in der je nach Jahreszeit und Niederschlag das Wasser steht. Im *Sagenschatz des Königsreichs Sachsen* wird es von Johann Georg Theodor Grässe so beschrieben: »ein zierliches Berglein, weil es berast (vermutlich begrast) und mit Holz bewachsen anzusehen ist, dabei aber einen tiefen ausgemauerten Brunnen, welchen die Leute den bösen Brunnen nennen, weil sich bisweilen Gespenster dort haben sehen lassen«. Der 7 Meter breite Brunnen ist zwar nicht gemauert, aber den menschengemachten Ursprung sieht man ihm an.

Klein-Rappendorf ist ein schöner Abstecher für Familienausflüge.

VON SAGE UND WIRKLICHKEIT Um ihn rankt sich eine Mordsage, weshalb er – selbst unschuldig – Böser Brunnen genannt wird: Als Krieg und Pest den Menschen um Zwickau zusetzten, fiel ein Bauernhof an drei Geschwister, nachdem ihre Eltern verstorben waren. Ein Knecht verliebte sich in eine der Schwestern und heiratete sie. Doch er wollte nicht nur Mitarbeiter, sondern Eigentümer sein. Deshalb weckte er die Habgier in seiner Frau und ihrer Schwester. Nur wenn ihr Bruder, der Alleinerbe, sterben würde, bekäme er den Hof. So schmiedeten sie einen Mordplan und erstickten den schlafenden Bruder nachts mit einem Federbett. Jedoch wurden sie gesehen, als sie seine Leiche im Brunnen versenkten. Die Tat bezahlten sie mit ihrem Leben und seither spuken die Schwestern nachts um den Brunnen, traurige Lieder singend. Was mit dem Knecht und Anstifter geschehen ist, darüber schweigt die Sage.

DER WÜSTE ORT Im 20. Jahrhundert wurden bei Grabungen zunächst der Brunnen und später Zeugnisse des Dorfes gefunden und ab 1970 unter Schutz gestellt. Aktuell führen nur Trampelpfade hin. Vor Ort gibt es weder ein Schild noch einen Zaun, wie auf älteren Fotos noch einer zu sehen ist. Auch die Flechtzäune, die einst die Strukturen des Dorfes nachbildeten, sind verschwunden. Das macht den nun wilden Ort verwunschener, aber auch schwer zu finden. Die Stadt erwägt, das Flurstück zu kaufen. Hin geht es vom Hauptweg, wo ein Schild ins Tal zeigt. Der Brunnen ist nach einem kurzen, steilen Aufstieg auf der anderen Seite rechts vom Weg zu finden, der Hügel dahinter.

Der Waldspielplatz

Nur 350 Meter entfernt, direkt am Hauptweg und Rappenbach, liegt der Abenteuerspielplatz des Waldparks. Er bietet sich als Möglichkeit zur Rast und zum Austoben an, hat eine Riesenrutsche, eine Seilbahn und andere Spielgeräte, aber nicht nur das: Mit liebevollen Details wurde das verschwundene Dorf nachgebaut – als Klein-Rappendorf. Auf der anderen Seite führt auch ein flacher Weg zur Wüstung.

Am Haus der Deutsch-Sowjetischen Freundschaft bröckelt der Putz.

8

HOCH DIE BECHER!

Das Haus der Deutsch-Sowjetischen Freundschaft

In der Zwickauer Altstadt steht so manches Wohnhaus aus der Gründerzeit leer, aber an der Max-Pechstein-Straße auch ein historisches Gasthaus.

Zwickau, Landkreis Zwickau, Sachsen **Ort** Max-Pechstein-Straße 31, 08056 Zwickau **GPS** 50.723899906124586, 12.496610136786233 **Anfahrt** Mit dem Zug nach Zwickau Hbf. und mit der Tram 4 oder den Buslinien 10 und B zur Haltestelle Neumarkt oder mit dem Auto A4 (Abfahrt Glauchau-Ost), B175, B93, Dr.-Friedrichs-Ring, Max-Pechstein-Straße oder A72 (Abfahrt Zwickau-Ost), S283, B93, Dr.-Friedrichs-Ring, Max-Pechstein-Straße

VOM PRACHTBAU ZUM SORGENKIND Die Ausstellung auf den zugenagelten Fenstern ist ein Versuch, die Blicke abzulenken: Lieber die Kunstwerke ansehen als einen immer mehr verfallenden Bau, der seit bald 30 Jahren leer steht, statt Gäste anzulocken. Schon auf einem Schwarz-Weiß-Foto von 1995 in der Deutschen Fotothek sieht das Haus der Deutsch-Sowjetischen Freundschaft (DSF) ähnlich trist aus: Es hat Bretter vor den Fenstern, einen Anstrich dringend nötig, nur weniger Graffiti und Schäden am Putz. Hin und wieder war seither die Hoffnung auf Investoren aufgekeimt, doch nun wird es als sicherer Abrisskandidat gehandelt.

Streetart an den Wänden sorgt wenigstens für einen Hingucker.

EWIGE KNEIPENTRADITION Dabei war der Gasthof einst das erste Haus am Platz: Um 1870 wurde es an der Ecke Max-Pechstein-Straße (damals Äußere Leipziger Straße) und Moritzstraße als markanter, zeittypisch gegliederter Putzbau errichtet, ordnet das Landesdenkmalamt ein. Es ist eines der frühesten Bauwerke des Baumeisters Franz Hermann Wolf, der Zwickau in der Gründerzeit seinen Stempel aufdrückte. Als Gasthof mit großem Saal wurde des unter dem Namen »Zum Goldenen Becher« bekannt. Doch schon in den Jahrhunderten vorher soll es

Der originale Schriftzug über dem Haupteingang ist im Lauf der Zeit verschwunden.

Eine Ausstellung am Erdgeschoss des Gebäudes

Gasthäuser an derselben Stelle gegeben haben: Dokumentiert ist ab 1591 ein Gasthof »Vor dem Niederen Tor«. Der »Goldene Becher« ersetzte noch im ausgehenden 17. Jahrhundert den Namen und das für rund 240 Jahre, bevor die damalige Aktienbrauerei Zwickau 1937 einen »Mauritiushof« darin eröffnete, so Norbert Peschke in *Zwickau: Alte Bilder erzählen*. Das darin abgedruckte Foto von 1926 zeigt den Gasthof mit einem zweiten Eingang an der Moritzstraße, Fahnenmasten, weißen Gardinen, einer zusätzlichen Reihe kleiner Fenster unterm Dach sowie deutlich mehr Zierelementen. Noch 1947 nennt das Adressbuch der Stadt Zwickau den Mauritiushof an dieser Adresse.

HAUS DER MASSENORGANISATION

Doch schon bald folgte das letzte Kapitel: 1949 zog die Gesellschaft für Deutsch-Sowjetische Freundschaft ein – noch heute ist »Haus der DSF« über dem Eingang zu erkennen. Eine Gaststätte gab es weiterhin. Da die DDR-Regierung antisowjetische Einstellungen beseitigen wollte, warb die Organisation intensiv um Mitglieder, teilweise war

Die Fenster lassen die Größe des Saales erahnen.

Der Haupteingang dient nur noch der Müllentsorgung: Unzählige Zwickauer sind hier ein- und ausgegangen.

der Beitritt obligatorisch. Der »Erfolg«: rund sechs Millionen Mitglieder in den 1980ern. Unter dem Motto »Von der Sowjetunion lernen heißt siegen lernen« wurde für sowjetische Methoden geworben. Vor allem organisierte die Gesellschaft Veranstaltungen, die die sowjetische Kultur vermitteln sollten, gab Übersetzungen sowjetischer Werke heraus oder vermittelte Brieffreundschaften zwischen Kindern in der DDR und der Sowjetunion. Insgesamt gab es 25 Häuser der DSF. Nach der Wende wurden sie an die Städte zurückgegeben.

In Zwickau zeigte sich zum Schluss auch im Haus der DSF der Veränderungswille: Im Oktober 1989 soll dort eine Infoveranstaltung des Neuen Forums stattgefunden haben – einer Bürgerbewegung, die in einem viel beachteten Aufruf einen demokratischen Dialog zwischen Bürgern und Staat forderte. Ob in dem Gebäude jemals wieder gebechert wird, steht derweil in den Sternen. Abrisspläne zugunsten einer Hochwasser-Ausgleichsfläche wurden abgesagt, sodass das herrenlose Haus der DSF weiter auf einen Käufer wartet.

Alter Gasometer

Ein sehenswerter Ort, wo die Zwickauer heutzutage feiern und Kulturveranstaltungen besuchen, liegt nur fünf Minuten entfernt. Noch dazu ist es ein Industriedenkmal: der Alte Gasometer mit seiner auffälligen roten Backsteinfassade. Die Veranstaltungsstätte in der Kleinen Bierstraße an der Zwickauer Mulde wird von einem Verein als soziokulturelles Zentrum betrieben. Im Jahresprogramm finden sich Lesungen, Kinofilme, Konzerte, Comedy-Auftritte und vieles mehr (Infos: www.alter-gasometer.de).

9

GEHEIMNISSE AN DER ZWICKAUER MULDE

Der Beinahe-Mord und der Wildwasserkanal

167 Kilometer lang ist die Zwickauer Mulde vom Vogtland bis zur Vereinigung mit der Freiberger Mulde. Fast auf halbem Weg kommt sie durch die namensgebende Stadt. Dort verbinden sich mit ihr zwei Geschichten – älteren und neueren Datums.

Zwickau, Landkreis Zwickau, Sachsen

Ort Paradiesbrücke, Äußere Dresdner Straße 3, 08066 Zwickau **GPS** 50.717521, 12.502116 **Anfahrt** Mit dem Auto A4 (Abfahrt Zwickau-Ost), S283, B93, Dr.-Friedrichs-Ring (rechts), Äußere Dresdner Straße (links), Parkplatz vor Ort oder mit dem Zug zum Hbf., Tram 3 oder Buslinien 12/A/B/C zum Hauptmarkt

Ort Kanal, Wehrweg, 08064 Zwickau **GPS** 50.681995, 12.501665 **Anfahrt** Vom Hbf. mit dem Zug RB95 zum Bhf. Cainsdorf oder mit dem Auto B93 Richtung Wilkau-Haßlau, über Cainsdorfer Brücke, zweimal links abbiegen, rechter Feldweg

Keine Wellen mehr: Nur noch ein Rinnsal fließt durch den ehemaligen Wildwasserkanal.

WARUM DAS PARADIES IN ZWICKAU LAG Am Rand der Altstadt führt eine prächtige Brücke über die Zwickauer Mulde, eine Stahlnietkonstruktion von 1900 mit sakral anmutenden Pfeilern, an denen die Lampen hängen. Auf der einen Seite liegen die Altstadt, aber inzwischen auch große Wohnblocks neuerer Zeit, auf der anderen Seite wird es am Brückenberg plötzlich grün und fast dörflich. In den Ausflugslokalen, die es nicht mehr gibt, soll im 19. Jahrhundert auch Robert Schumann gern zu Gast gewesen sein, wenn in den Pavillons Konzerte gegeben wurden. Paradiesbrücke wird der denkmalgeschützte Bau genannt. Weil die Umgebung so paradiesisch ist? Die Legende erzählt etwas anderes.

EIN BERÜHMTER BESUCHER 1522 weilte Martin Luther in der Stadt. Die Reformationsbewegung war in vollem Gang, die Stimmung unter den Mönchen entsprechend aufgeheizt. Einige Franziskaner sollen Luther in einen Hinterhalt gelockt haben. Sie waren bewaffnet und wollten ihm ans Leben. Unbeschadet konnte er jedoch flüchten und rannte über die damalige Holzbrücke ans andere Ufer und ins erstbeste Haus hinein – ein Wirtshaus. „Gott sei Dank, dass er mich dieses Haus finden ließ. Denn wahrlich, es ward mein Paradies", soll Luther ausgerufen haben, woraufhin das Wirtshaus seinen Namen in »Das Paradies« änderte.

EINE MERKWÜRDIGE FALLE Schon Johann Georg Theodor Grässe schreibt im *Sagenschatz*, der Name stamme wohl eher von der Lage des Gasthauses und den Linden in seiner Nähe. Er nennt noch die Details, dass Luther zuvor mit seinen Predigten das Volk aufgewiegelt habe und es deshalb das Kloster oder den Grünhainer Hof gestürmt hatte und dass die Mönche ihn unter dem Vorwand, er müsse einen Kranken besuchen, in eine abgelegene Gasse gelockt hatten. Historisch verbrieft ist der Mordversuch nicht. Was aber stimmt, ist, dass es zu Luthers Zeiten einen Gasthof an der Stelle gegeben hat, Ochsenkeller oder Ratsweinkeller genannt, und dass er später »Zum Paradies« hieß – bis zu seiner Zerstörung bei der Bombardierung 1945. Knapp zehn Jahre später wurde an seiner Stelle das Internat des Robert-Schumann-Konservatoriums eingeweiht, das lange leer stand, aber aktuell saniert wird. Auch den Überfall auf den Grünhainer Hof hat es gegeben (siehe Kapitel 15). Der Streit über den Ablasshandel hatte die Stadt bereits vorher gespalten, die Stimmung zwischen Reformern und Mönchen war angespannt. Luther wurde aber erst nach dem Überfall vom Rat der Stadt eingeladen, wie die Priesterhäuser, das Museum für Stadtgeschichte Zwickau, berichten. Vom 30. April bis 2. Mai 1522 predigte er viermal in der Stadt – ein-

Der Name Paradiesbrücke erinnert an Luthers Besuch, im Hintergrund die Altstadt.

Die Betonstrukturen dienten als Hindernisse im strömenden Wasser.

mal aus dem Rathaus, wo ihm auf dem Hauptmarkt 14 000 Menschen gelauscht haben sollen. Es scheint schwer vorstellbar, dass er in diesen Tagen allein und ausgerechnet mit Mönchen mitgegangen wäre.

GOLD FÜR DIE DDR-KANUTEN Eine Gartenanlage im Stadtteil Cainsdorf: Auf der einen Seite fließt die Zwickauer Mulde, auf der anderen ein Kanal? Ein Mühlgraben? Kann beides nicht sein: Dieser Kanal macht Kurven. Der Betonboden hebt und senkt sich, eine ganze Betonlandschaft aus Bergen und Hügeln ist zu erkennen. An seinem Grund plätschert ein Bach, Wasser(liebende) Pflanzen sprießen hervor und ein paar Bäumchen auch. Was sich die Natur hier langsam erobert, ist ein seltener Lost Place: ein Wildwasserkanal. Wer heutzutage Kanu-Slalom-Wettkämpfe verfolgt, kennt es kaum anders: Die Sportler treffen in künstlichen Kanälen auf dadurch kontrollierbare – aber nicht einfachere! – Wettkampfbedingungen. Im Kanupark Markkleeberg gibt es zum Beispiel eine Wildwasseranlage, sogar eine der modernsten der Welt. Doch als der Zwickauer Kanal gebaut wurde, war es noch üblich, dass die Wettkämpfe in Flüssen abgehalten wurden. Sein Vorbild war der berühmte Augsburger Eiskanal, der für die Olympiade in München 1972 errichtet wurde.

DIE RETTENDE IDEE Mit dem Augsburger Eiskanal waren die DDR-Kanuten bei einem Testlauf 1971 in Kontakt gekommen und sie hatten Schwierigkeiten mit der neuen Slalomanlage: Die Weltmeister holten nur Bronze. Wollten sie bei der Sommerolympiade erfolgreich sein, brauchten sie eine entsprechende Trainingsanlage. Ihr Verbandstrainer, so berichtete der MDR, mogelte sich ins Augsburger Gelände und kehrte mit Fotos zurück. Wismut und Autobahnkombinat zogen das Projekt »Wildwasserkanal« als Winterbaumaßnahme (und für 2,2 Millionen Mark, so die *Freie Presse*) in einem ehemaligen Mühlgraben durch und das Training konnte beginnen – nun unter ähnlichen Trainingsbedingungen, wie sie die westdeutschen Konkurrenten hatten. Bei der Rückkehr nach Augsburg waren sie erfolgreich: In allen vier Disziplinen ging die Goldmedaille in die DDR.

EINE TRADITION IN ZWICKAU Bis zur Wende wurde die Anlage noch hin und wieder für das Training und auch für DDR-Meisterschaften genutzt, was Zuschauer nach Cainsdorf lockte. Aber da die Sportart vorübergehend (bis 1992) nicht mehr olympisch war, mangelte es an Geld für die Teilnahme der DDR-Kanuten an den Weltmeisterschaften. Nach 1990 hätte der Kanu-Club

Zwickau den Betrieb und die Pflege der Anlage nicht allein stemmen können. Seither wächst sie zu, berichtet ein Übungsleiter. Der Verein hat seine Trainingsstrecke – bereits seit 1926! – nördlich des Kanals in der Mulde und wenn genug Wasser da ist, sogar eine Wildwasserstrecke. Wie eine Ausstellung im Stadtmuseum Priesterhäuser 2021 herausarbeitete, kann man Zwickau getrost als Wiege des deutschen Wildwasserslaloms bezeichnen, denn der erste Wettbewerb in Deutschland fand 1936 auf der Mulde statt.

ZUGESCHÜTTET, ABER IN ORDNUNG

Heute ist der Kanal ein Feuchtbiotop, ein unerwartetes grünes Idyll. Die historische Wehranlage von 1920 steht halb verschüttet im Gebüsch und auch eine Zufahrt zum Wasserkraftwerk wurde aufgeschüttet. Doch würde man diese Hindernisse und Bäume entfernen und die Mulde genügend Wasser führen, würde die Wildwasseranlage noch funktionieren, schätzt der Kanu-Club. Die Betonrinne sei nahezu intakt. Und wie fuhr sich die Strecke? »Hammerhart! Wie in Augsburg«, erinnert sich der damalige B-Mannschaftsfahrer. »Wir sind oft genug gekentert.« Wünsche, sie zu reaktivieren, gibt es hin und wieder – letztlich scheiterten auch sie am Geld. Hin und wieder kämen Besucher, die die Anlage sehen wollten. Laut Landesdenkmalamt ist sie für die DDR-Zeit einmalig – und ein Beispiel deutsch-deutscher Sportgeschichte.

Die Mulde kennenlernen

Ab 2026 soll am anderen Ufer ein neues Wassersport- und Freizeitareal entstehen. Bis dahin ist der Mulderadweg eine Alternative, dessen Zwickauer Abschnitt in Schöneck im Vogtland beginnt und bei Sermuth auf die Freiberger Mulde und den dortigen Radweg trifft. Vom Ortsausgang Wilkau-Haßlau durch Zwickau bis fast nach Crossen verläuft er überwiegend direkt am Fluss und bietet somit eine spannende Alternative zum Kennenlernen der viertgrößten sächsischen Stadt. Bei Cainsdorf führt die Route auf der Brauereistraße parallel zum Wildwasserkanal entlang – man muss bloß rechts in den Wehrweg abbiegen und sich an der Gabelung rechts halten. Weiter geht es nach dem Abstecher am Westufer, vorbei an sämtlichen Brücken und auch der Paradiesbrücke. Wer hier den Weg nach links verlässt, findet sich innerhalb kürzester Zeit am Hauptmarkt wieder. Der gesamte Radweg ist 155 Kilometer lang, die Etappen Aue-Zwickau und Zwickau-Glauchau zusammen rund 45 Kilometer (Infos: www.mulderad weg.de).

Die Zahnräder am alten Wehr sind ein sehenswertes Überbleibsel der Sportanlage.

Anbindung an den Öffentlichen Nahverkehr ist schon mal da: Bushaltestelle am Capitol in Zwickau.

10

DER LETZTE ABSPANN IST VORBEI

Die Kinos von Zwickau und Ehrenfriedersdorf

Oft merkt man erst, wie schön etwas war, wenn es vorbei ist. Was für manchen Film gilt, stimmt auch für kleine Kinos im Wohnort.

Zwickau, Landkreis Zwickau, Sachsen **Ort** Capitol Planitz, Innere Zwickauer Straße 125, 08064 Zwickau **GPS** 50.684479012529174, 12.471571863305707 **Anfahrt** Mit der Bahn bis Zwickau Hbf., Bus 10 Richtung Planitz, Haltestelle Strandbadoder mit dem Auto A72 (Ausfahrt Zwickau-Ost), S283, B93, Hammerwald, Cainsdorfer Straße

Ehrenfriedersdorf, Erzgebirgskreis, Sachsen **Ort** Greifensteinstraße 5, 09427 Ehrenfriedersdorf **GPS** 50.645308547334, 12.96735187306347 **Anfahrt** Mit Bus 210 vom Chemnitzer Omnibusbhf. nach Ehrenfriedersdorf Neumarkt oder mit dem Auto über die B95

SERIENSTREAM STATT KINOABEND Längst holen Großbildschirme, Streamingdienste und Mikrowellenpopcorn das Kinogefühl ins Wohnzimmer – oder sie versuchen es zumindest. Die großen Kinoketten mit modernster Technik, die steigenden Preise und zuletzt auch noch die Pandemie haben es kleinen Kinobetreibern nicht einfach gemacht, ihre Häuser zu halten. Wieder einmal ist die Rede vom »Ende der Leinwand« (*Deutschlandfunk*) und dem »Untergang des Kinos« (*Ostsee-Zeitung*). In der ausgedünnten Kinolandschaft des Erzgebirges wurden schon einige Filmhäuser dem Erdboden gleichgemacht. Zwei, die das gleiche Schicksal ereilen könnte, stehen in Zwickau und Ehrenfriedersdorf.

ZWICKAU GIBT NICHT AUF Die Statuen an der Fassade wirken müde. Eine Schwalbe hat ihr Nest an einem Sockel darunter erbaut. Hier stört sie niemand: Das Capitol hat seit 1994 keine Gäste mehr. 1938 erbaut, steht das Gebäude im Ortsteil Planitz als einziges Kino der Stadt unter Denkmalschutz – auch wenn das Landesdenkmalamt es als »schlichtes Vorstadtkino« beschreibt. Das wird es immer mehr, seit auch das Vordach und die roten Leuchtbuchstaben verschwunden sind. Zwickau hat den Astoria Filmpalast mit elf Sälen (und ein Filmprogramm im Alten Gasometer), braucht es da noch ein Kino? Nein, scheint die inoffizielle Antwort zu lauten, denn Rettungsversuche sind alle im Sand verlaufen. Eine Umnutzung und entsprechender Umbau wurden aus Kosten-

Der Aushang wurde offenbar auch nach der Schließung noch eine Zeitlang genutzt.

Die Leuchtschrift über dem Eingang zum Film-Theater in Ehrenfriedersdorf

gründen immer wieder verworfen. Schon 2008 wurde über den Abriss diskutiert. Doch überraschend fand das Capitol 2019 einen neuen Eigentümer, wie die *Freie Presse* berichtete. Außer Maßnahmen zur Notsicherung ist seither nichts passiert. Wer einem Kino beim langsamen Verfall zugucken will – quasi dem längsten Kinofilm der Stadt –, hat an der Inneren Zwickauer Straße gute Chancen.

ENDE EINER TRADITION Die Bergstadt Ehrenfriedersdorf hatte schon früh ein Lichtspieltheater – jedenfalls früh genug, um bereits im September 1912 den Eintrittspreis zu erhöhen: 5 Pfennig mehr für Erwachsene, der Preis für Kinder bleibt gleich. Das verkündeten die Kinobesitzer von Annaberg, Sehma, Geyer und Ehrenfriedersdorf damals gemeinsam in *Der Kinematograph. Organ für die gesamte Projektionskunst*, einer Fachzeitschrift über Filme, Technik und mehr für Kinobetreiber, die von 1907 bis 1935 deutschlandweit erschien. Wer der Besitzer des Kinos war, ist nicht bekannt, aber ab den 1920er-Jahren soll es Karl Bernhard Heyn gewesen sein, der die Carola-Lichtspiele in der Greifensteinstraße betrieb – mit über 200 Plätzen. 1929 ist er im Adressbuch der Stadt Chemnitz als Lichtspieltheaterbesitzer genannt. Ab 1940 heißt die Besitzerin Klara Elly Heyn, ab 1949 die Einrichtung nur

↓ Es scheint, als ob man sich nur durch harte Arbeit …
↘ … auch Kultur verdient hat.

Die Fenster und Eingänge in das Zwickauer Kino wurden gründlich vernagelt.

noch Lichtspiele und schließlich, ab 1992, nun im Besitz einer GmbH, Filmtheater. Ob der auffallende Schriftzug aus dieser Zeit stammt, darüber gibt kein Dokument Auskunft. Jedenfalls fällt es – trotz Beschmierungen und Verfall – leicht, sich vorzustellen, wie man unter den Leuchtbuchstaben durch die Schwingtüren geht und einem schon der Duft von Popcorn entgegenweht. Viele Ehrenfriedersdorfer können sich noch erinnern – und das Haus hat diese Zeit konserviert.

Kinos mit Charme

Kleine Kinos, die trotz moderner Konkurrenz überlebt haben, gibt es zum Glück auch noch, zum Beispiel in Schneeberg, Annaberg und Marienberg – zwei Beispiele aus der Clubkino-Ecke seien hier genannt. Der Umbau zu Clubkinos mit Sitzgruppen, Tischen und Bar war in den 1970ern ein Versuch, das Kino in der DDR zu retten. Manche halten das Konzept hoch: In Gelenau gibt es ein Clubkino, das sich selbst als »gemütliches, ländliches Kino mit topaktuellen Filmen« beschreibt. Zu Recht, hat man einmal in den Drehsesseln Platz genommen (Programm unter: www.gelekino.de). In Chemnitz betreibt der Verein Chemnitzer Filmwerkstatt das Clubkino Siegmar als Programmkino mit Kinder- und Erwachsenenprogramm sowie gelegentlichen Kurzfilmnächten mit Filmen aus lokaler Produktion. Der kleine und der große Saal sind in einem denkmalgeschützten Jugendstilgebäude untergebracht (Infos: www.clubkino-siegmar.com).

Wohl kaum zu retten ist das »Deutsche Haus« in Johanngeorgenstadt (Kapitel 17).

ERZGEBIRGE

11

BRÜCKE INS NIRGENDWO

Im Fuchsbrunntal bei Zwönitz

Rostig, abgesperrt und einsam steht eine Eisenbahnbrücke im Grünewald zwischen Aue und dem Zwönitzer Ortsteil Kühnhaide. Damit könnte es bald vorbei sein.

Zwönitz, Erzgebirgskreis, Sachsen **Ort** Weidmannsheil, Thomas-Müntzer-Straße, 08297 Zwönitz, Deutschland **GPS** 50.601047197957925, 12.782210705296478 **Anfahrt** Mit der Bahn bis Bhf. Zwönitz, Bus 342 Richtung Grünhain, Haltestelle Moosheide oder mit dem Auto über A72 (Ausfahrt Stollberg-West), über Lößnitz oder OT Kühnhaide, Thomas-Müntzer-Straße bis Gartenanlage

Ein rostiges Ungetüm steht mitten im erzgebirgischen Nadelwald.

Der Zugang ist durch Gitter versperrt, das Betreten des Viadukts wäre zu gefährlich.

DAS SEHNSUCHTSMOTIV Was ist so faszinierend an Eisenbahngleisen, dass Fotografen für ein Foto darauf ihr Leben oder das ihrer Models riskieren? Die nicht nur gedankliche Linie zu fernen Orten? Wer einen solchen Ausblick ohne Risiko fotografieren will, noch dazu auf einer Brücke, ist im Süden von Zwönitz an der richtigen Stelle. Mit einem Zug muss man auf der Fuchsbrunnbrücke schon lange nicht mehr rechnen. Allerdings ist sie inzwischen so marode, dass das Betreten wegen Einsturzgefahr verboten ist. Schon auf den letzten Metern vor der Brücke erkennt man deutlich, dass man auf dem ehemaligen Gleisbett läuft. Eiserne Fundamente stecken am Wegesrand in der Erde. Doch weder vor noch nach der Brücke verlaufen Gleise – aus dem Viadukt ist ein technisches Denkmal ohne praktischen Nutzen geworden. Und das ist auch gut so, denn die Witterung und viele Jahrzehnte ohne Pflege haben dem Bauwerk stark zugesetzt. Es ist von Rost überzogen. Dass ein Teil herunterfällt, ist aktuell nicht ausgeschlossen, weshalb auch der Weg gesperrt ist, der unten durchführt. Nichtsdestotrotz ist die fast 17 Meter hohe und 63 Meter lange Brücke mit ihren unzähligen Nieten, der fast minimalistischen Gestaltung und den im Wald verschwindenden Gleisen ein reizvolles Fotomotiv und ein Eisenbahndenkmal, wie man es heute nur noch selten zu sehen bekommt.

PANORAMAFAHRT INS ERZGEBIRGE Ursprünglich war die Brücke ein elementarer Teil der Bahnstrecke, die von Stollberg über Zwönitz nach Scheibenberg führte. Ihre Route bot viele schöne Ausblicke auf Täler und Berge, weshalb sie als *Obererzgebirgische Aussichtsbahn* bekannt wurde, so Eberhard Schramm in seinem gleichnamigen Buch von 1996. Nachdem 1889 die Linie nach Zwönitz fertiggestellt war, ging es 1898 mit dem Bau der Strecke nach Scheibenberg weiter, die bereits 1900 in Betrieb genommen wurde. Alleine zwischen Zwönitz und Scheibenberg war die Fuchsbrunnbrücke nur eine von sieben, die errichtet werden mussten – heute ist sie die Einzige, die noch erhalten ist. Ein beliebtes Fotomotiv war sie damals schon, vor allem, wenn die Dampfloks über das Fuchsbrunntal rauschten.

Auch der Bereich direkt unter der Brücke ist aus Sicherheitsgründen gesperrt.

DIE BRÜCKE, DIE NOCH STEHT Dennoch hat die Strecke nur 47 Jahre überlebt. Im August 1947 wurde der Bahnverkehr eingestellt, da Sachsen als Reparationsleistung 120 Kilometer Gleise abbauen sollte. Während der Verkehr auf den Teilstücken Scheibenberg–Elterlein und Zwönitz–Stollberg aufgrund des Bergbaus wieder aufgenommen wurde, rollte über die Fuchsbrunnbrücke nie wieder ein Zug. Alle Anläufe dazu verliefen aus finanziellen Gründen im Sand. Dabei hatte sich die Bahnstrecke einen guten Ruf erarbeitet, der heute wahrscheinlich Touristen anlocken würde: »Aussichten fast bis zum Bayernlande, gewaltige Brückenbauwerke und Blicke in eine grauenerregende Tiefe, total verträumte Unterwegsstationen, wo sich die Füchse ›Gute Nacht‹ sagen ...«, zitiert Schramm die damals üblichen Schwärmereien. Dass wenigstens die Fuchsbrunnbrücke übrig geblieben ist, war ein glücklicher Umstand. Die anderen Brücken wurden sämtlich in den 1970er- und 1980er-Jahren demontiert oder gesprengt, zugunsten sogenannter Schrottinitiativen. Noch 1989 sollte die letzte Brücke fallen, aber dem zu hohen (auch finanziellen) Aufwand aufgrund ihrer Abgelegenheit und engagierter Zwönitzer Heimatforscher ist es laut Schramm zu verdanken, dass sie stehen blieb.

NEUES LEBEN Ende 2021 haben sich die benachbarten Städte Zwönitz, Lößnitz und Lauter-Bernsbach sowie Grünhain-Beierfeld darauf geeinigt, die Fuchsbrunnbrücke gemeinsam zu sanieren. Dabei soll sie einen Überbau bekommen, der für Radfahrer und Wanderer geeignet ist. Doch das Vorhaben schlägt voraussichtlich mit 2,9 Millionen Euro zu Buche. Die Bürgermeister wollen nun aber weitere Fördermittel eintreiben, um die Brücke zu erhalten zu können.

DER REITER OHNE KOPF Es gibt auch eine bekannte Zwönitzer Sage, die bei Kühnhaide spielt – die vom Reiter ohne Kopf. Ein Motiv, was man auch aus anderen deutschen Sagen, aber insbesondere aus dem den Hollywoodfilm *Sleepy Hollow* kennt. Doch die Zwönitzer Geschichte ist eine andere und der Reiter nur ein trauriger Spuk, kein gefährlicher: Eine Müllerstochter aus Zwönitz und ein Förster aus Grünhain waren ein heimliches Liebespaar. Eines Abends waren sie zum Tanz verabredet. Als der Förster eintraf, erblickte er seine Geliebte in den Armen eines anderen Mannes. Nicht ahnend, dass es ihr Bruder war, lockte er sie unter einem Vorwand auf den Ziegenberg und erstach sie aus Eifersucht. Sie soll gerade noch Zeit gehabt haben, das Missverständnis aufzuklären, bevor sie starb. Verzweifelt über seine Tat ergab er sich dem Gericht und wurde wenig später enthauptet. Auf dem Ziegenberg, wo der Mord geschehen ist, wurde eine weiße Rose angepflanzt, die nachts wie mit

Blut besprengt aussieht. Um Mitternacht kommt ein Reiter zum Rosenstock, den Kopf unter dem Arm, verweilt einen Moment und reitet wieder von dannen. In Erinnerung an die Sage aus dem 17. Jahrhundert wurde am 652 Meter hohen Ziegenberg 1992 eine Statue des Reiters aufgestellt. Wer dem Weg noch ein wenig weiter folgt, gelangt zum Armesünderbrunnen, wo die zum Tode Verurteilten ihren letzten Schluck genommen haben sollen, und schließlich zum Galgenberg. Von dem Feldweg hat man außerdem eine hervorragende Sicht auf Zwönitz und Umgebung. Die drei Orte sind Teil des Heimatkundelehrpfads und des 18 Kilometer langen Panoramarundwegs, der auch zur Fuchsbrunnbrücke führt.

Die Karlsroute

Hinter der Sanierungsabsicht liegt die Hoffnung, dass die Fuchsbrunnbrücke in die Karlsroute integriert wird. Dabei handelt es sich um einen Fernradweg abseits viel befahrener Straßen, der von Chemnitz nach Karlsbad (Karlovy Vary) führt. Bis 2015 wurden die Strecke Aue–Karlovy Vary sowie vier Nebenrouten errichtet. Nun wird sie Richtung Chemnitz verlängert und um vier Sonderrouten ergänzt. Die Ausschilderung ab Chemnitz ist 2021 erfolgt. Die Hauptstrecke ist rund 110 Kilometer lang. Weil sie über den Erzgebirgskamm und über unbefestigte Waldwege führt, gilt sie als anspruchsvoll (Infos und Strecke: www.karlsroute.eu).

↓ Die Brücke quert das Fuchsbrunntal bei Zwönitz.
↘ Der denkmalgeschützte Koloss soll eine Zukunft bekommen.

Die dicken Mauern des Bergfrieds in der Isenburg haben die Jahrhunderte überdauert.

12

DIE WEISSE RETTERIN UND ANDERE GEHEIMNISSE

Rund um die Isenburg im Poppenwald

Von weißer Frau über Prinzenraub bis Bernsteinzimmer: Dieser Wald an der Zwickauer Mulde hat es in sich. Vielleicht.

Wildbach, Aue-Bad Schlema, Erzgebirgskreis **Ort** Isenburg, Raubrittersteig, 08301 Wildbach **GPS** 50.633905123633276, 12.6741512330158 **Anfahrt** Mit dem Auto A72 (Ausfahrt Hartenstein), Hartensteiner Straße, Bahnhofs- und Talstraße Richtung Schlema, Wildbacher Hauptstraße oder mit dem Zug RB95 von Zwickau nach Hartenstein

RITTERSPIELE UND RÄTSEL Wer heute von Wildbach aus durch den Poppenwald spaziert, oberhalb des gleichnamigen Baches, trifft auf einer Anhöhe auf die Ruinen einer Burg: dicke, stabile, steinerne Mauern, mit Eingängen auf allen Seiten und den Resten eines Turmes. Dahinter fällt das Gelände steil zur Zwickauer Mulde ab, der sogenannte Raubrittersteig führt hinab. Es ist der perfekte Ort für Kinder, um Ritter zu spielen und ins Mittelalter abzutauchen – und das schon sehr lange. Die Isenburg ist schon viele Jahrhunderte länger eine Ruine, als sie überhaupt unzerstört auf dem Felssporn gestanden hat. Heute steht sie als »Zeugnis der Besiedelung und territorialen Erschließung des Erzgebirges« unter Denkmalschutz.

UNBEKANNTER URSPRUNG Ihr Name bedeutet übersetzt aus dem Mittelhochdeutschen Eisenburg, was als Hinweis auf den Bergbau, aber auch auf ihre eiserne, also schwer einnehmbare Bauweise verstanden wird – stammt aber wahrscheinlich nicht einmal aus der Zeit, bevor sie zur Ruine wurde. Ihre Geschichte liegt nämlich schon so lange zurück, dass sie aufgrund fehlender Schriftstücke bis heute nicht ganz klar ist. Noch 1978 lautete der Wissensstand, dass sie im späten Mittelalter, also um 1300, erbaut wurde, worauf Funde hindeuteten. So berichtete es die Akademie der Wissenschaften der DDR in ihrer Reihe *Werte unserer Heimat* zur heimatkundlichen Bestandsaufnahme. Weiter heißt es darin: »Man nimmt an, dass um 1400 die Anlage vermutlich als Streitobjekt zwischen den Herren von Wiesenburg, Wildenfels oder Hartenstein zerstört wurde.« Um 1750 sollen dann weitere Teile als Baumaterial für die Wildbacher Kirche abgesprengt worden sein. Fotos aus der DDR-Zeit zeigen die Überreste zugewachsen. Um 1993 wurden die Fundamente und der Bergfried freigelegt und restauriert.

Aufgrund der dabei gemachten Funde geht man nun davon aus, dass die Isenburg bereits im 12. Jahrhundert erbaut wurde. Laut Ortschronik haben die Vögte von Weida und Wiesenburg sie als Befestigungsanlage errichten lassen. Einem lokalen Heimatforscher zufolge hätten die ersten Siedler von Wildbach, Bauern und Handwerker, die Burg gebaut. Bereits 1320 soll sie in einer Auseinandersetzung zerstört worden sein. In den Kriegen und Überfällen der folgenden Jahrhunderte, vor der weiteren Zerstörung zugunsten der Kirche, aber auch noch während des Zweiten Weltkriegs suchte die Bevölkerung von Wildbach häufig Schutz in der Ruine.

FRAUEN, ZWERGE UND HUSSITEN Wo Fakten fehlen, erzählen sich Geschichten umso leichter weiter, so scheint es. Nicht nur eine Legende wurde um die Burg und die

Die Befestigungsanlage stand auf dem Felssporn bei Wildbach.

Nur die Lager der Toelle-Brücke
am Ufer der Zwickauer Mulde stehen noch.

Ruine gesponnen: So soll Kunz von Kauffungen (siehe unten), auch als Konrad von Kauffungen bekannt, als Raubritter so kriminell gewesen sein, dass der Teufel ihm das Genick brach und er seither als Zwerg auf der Isenburg spukt. De facto wurde er hingerichtet (siehe Kapitel 20). Dieselbe Sage behauptet übrigens, die Isenburg sei über einen unterirdischen Gang mit der Burg Stein verbunden – was immerhin bedeutet hätte, 3 Kilometer Tunnel zu graben, und zwar unter der Mulde hindurch, was bei allem Bergbaugeschick der früheren Zeiten als unwahrscheinlich angesehen werden kann.

LOHN FÜRS PUTZEN Die Sage der »Alten Frau von der Isenburg« erzählt von einem Dienstmädchen aus dem Dorf, das beim Kühehüten in der Nähe der Burg auf eine alte Frau traf. Diese lebte angeblich in der Burgruine und bat das Mädchen, sein verborgenes Zimmer zu kehren. Danach gab sie ihm zwei Groschen. Das wiederholte sich oft. Eines Tages entdeckte die Bäuerin das Geld bei ihrer Bediensteten und stellte sie zur Rede. Seither wurde die alte Frau nicht mehr gesehen.
Auch um eine Weiße Frau rankt sich eine Sage. Sie soll in der Ruine gelebt und allein die Hussiten vertrieben haben, die gerade das Dorf Stein angreifen wollten. Diese und andere kann man hören, wenn man »Wildbachs Lauschige Plätzchen« im Internet sucht oder vor Ort den QR-Code einliest. Die Sagen wurden mündlich übertragen und erst im 19. Jahrhundert aufgeschrieben. Ob sie einen wahren Kern enthalten, ist fraglich.

Der Wildbacher Kunst- und Sagenwald ist vor allem für Kinder ein Erlebnis.

AUF SCHATZSUCHE Die Isenburg ist nicht die einzige Ruine und auch nicht der einzige Geheimnisträger im Poppenwald. Neben vielen Überbleibseln aus der langen Bergbaugeschichte finden sich auch Reste neuerer Bauwerke. Wer zum Beispiel am Bismarckstein an der Wildbacher Hauptstraße parkt, steht vor den verschlossenen Toren zu einer Fabrikhalle, die aber in Privatbesitz ist. Auf dem Wanderweg bergab gelangt man wenig später ans Ufer der Mulde, wo die Brückenlager einer verschwundenen Brücke noch deutlich zu sehen sind. Die sogenannte Toellebrücke – benannt nach dem Fabrikant Gustav Toelle – wurde 1945 gesprengt. Der Niederschlemaer hatte die Fußgängerbrücke errichten lassen, damit seine Mitarbeiter aus Wildbach über die Mulde zu seiner Holzschleiferei gelangen konnten. Pläne aus den 2010er-Jahren, sie wieder aufzubauen, sind bislang nicht in die Tat umgesetzt worden. Dass sie – obwohl nicht kriegswirksam – überhaupt zerstört wurde, ist einer von unzähligen Gründen, weshalb im Poppenwald das Versteck des Bernsteinzimmers oder zumindest bedeutender Kulturgüter vermutet wird, ebenso wie die Anwesenheit eines Nazi-Bautrupps zum Kriegsende, Luftaufnahmen von Kisten am Bahnhof Niederschlema oder verschüttete Stollen im Wald. Seit beinahe 30 Jahren wird mal mehr, mal weniger aktiv von verschiedenen Interessenten danach gesucht. Gefunden wurde bislang nichts. Mitunter scheitert bereits die Suche der Hobbyforscher an den Eigentümern des Waldes und fehlenden Genehmigungen. Nichtsdestotrotz macht es den Waldspaziergang im Poppenwald noch ein wenig spannender, nach verborgenen Stollen- oder Bunkereingängen Ausschau zu halten.

DIE PRINZENHÖHLE Auf der anderen Seite der Mulde, im Hartensteiner Wald, liegt eine Höhle, die Schauplatz einer der berühmtesten sächsischen Geschichten gewesen sein soll: des Altenburger Prinzenraubs. Kunz von Kauffungen, der sich vom Kurfürsten betrogen fühlte, entführte 1455 dessen Söhne Ernst und Albrecht aus dem Altenburger Schloss. Mit Mitverschwörern wollte er die Brüder nach Böhmen bringen, um Lösegeld zu erpressen. Sie teilten sich in zwei Gruppen auf, doch er wurde in Grünhain überwältigt. Die anderen Entführer gaben schließlich auf und die Teenager kamen frei. Die Höhle, in der der 14-jährige Ernst von seinen Entführern versteckt worden sein soll, kann man mit Taschenlampe und festen Schuhe erkunden. Es handelt sich um einen alten, 18 Meter langen Bergbaustollen. Der kürzeste Weg zur Prinzenhöhle beginnt am Wanderparkplatz an der Talstraße. Er ist keine 600 Meter lang, aber steil und nicht barrierefrei. Danach lässt es sich im Forsthaus »Zur Prinzenhöhle« mit schöner Aussicht gut essen. Übrigens ist inzwischen umstritten, ob Ernst tatsächlich in der Höhle versteckt wurde – oder sogar in den damals noch vorhandenen Gewölben der Isenburg, wie es unter anderem Heimatforscher Stefan Espig laut einem Bericht in der *Sächsischen Zeitung* für wahrscheinlich hält.

Der Eingang zur sagenumwobenen Prinzenhöhle im Hartensteiner Wald

Der Wikusawa

Der Wildbacher Kunst- und Sagenwald ist ein Beweis dafür, dass man mit Kreativität viel erreichen kann: Engagierte Menschen aus dem Heimatverein haben seit 2018 ein gewöhnliches, sogar von einer Stromtrasse durchschnittenes Waldstück in einen Ort zum Entdecken verwandelt. Alle Besucher sind eingeladen, mit Naturmaterialien Kunstwerke zu erschaffen – oder sich einfach beim Rundgang überraschen zu lassen, welche Blüten die Kreativität der anderen treibt. Allerlei Feenwesen und Trolle, Spinnen und Geister haben sich bereits im Wikusawa versteckt. Ein Eingang mit Parkmöglichkeit liegt ebenfalls am Bismarckstein, ein anderer an der Buswendestelle am Rand von Wildbach (Infos: www.wikusawa.de).

13

EIN FLÜSTERN IM ALTEN GEMÄUER

Die Freimaurerloge in Aue

Inzwischen haben so viele Einrichtungen dieses einst ehrerbietende Haus in der Altstadt genutzt, dass seine besondere Geschichte immer mehr dahinter zurücktrat. Dabei beherbergte es einst einen Tempel und hörte wahrscheinlich das ein oder andere Geheimnis.

Stadt Aue-Bad Schlema, Erzgebirgskreis, Sachsen **Ort** Schneeberger Straße 32, 08280 Aue **GPS** 50.588931920565116, 12.697562417392751 **Anfahrt** Mit der Bahn bis Bhf. Aue, zu Fuß über Brücke zum Schillerplatz oder mit dem Auto über A72 (Ausfahrt Hartenstein), S255

Das Logenhaus des Auer Freimaurerbundes mit seiner markanten Säulenfront

EIN REPRÄSENTATIVES HAUS In der Altstadt von Aue gibt es einige bemerkenswerte Fassaden, aber eine am Schillerplatz sticht besonders heraus. Sie ist weitgehend schnörkellos, dafür stützen vier massive Säulen das Dach. Das Landesamt für Denkmalpflege spricht von zitierter griechischer Tempelarchitektur am sonst kubisch wirkenden Massivbau. Das Haus fällt aber auch auf, weil es eines der wenigen unsanierten ist und der Fußweg davor abgesperrt ist, um Fußgänger vor herabstürzenden Teilen zu schützen und weil die Tür verriegelt und verrammelt ist. Dabei gingen zu seinen Hochzeiten viele und bedeutende Menschen durch sie ein und aus. Von 1911 bis 1912 wurde das stattliche Gebäude mit zwei Sälen für den Auer Freimaurerbund »Zu den drei Rosen im Erzgebirge« als Logenhaus erbaut. Der Entwurf – wie übrigens auch für das Kaufhaus Weichhold an der Bahnhofstraße – stammte vom Leipziger Architekten Otto Juhrich, die Ausführung übernahm der lokale Bauunternehmer Georg Arthur Bochmann.

GELD, BÜCHER UND KULTUR Die ältesten Einwohner von Aue kennen die Innenräume vielleicht noch aus der Zeit, als die Stadtsparkasse darin untergebracht war – ab 1934, nachdem die Nationalsozialisten die Organisation der Freimaurer verboten hatten. Museumsverein und Kreis-Handwerkerinnung nutzten die obere Etage. Nach dem Zweiten Weltkrieg war kurzzeitig die Stadtbibliothek darin untergebracht, die nun zwei Häuser weiter ihr Domizil hat. Die Freimaurerei blieb auch in der DDR verboten. Ab 1964 traf sich der Clemens-Winkler-Klub darin und lud zu Kulturveranstaltungen ein. Seit 1994 steht es leer. 2012 hat Aue das Haus für 24 000 Euro ersteigert. Investoren blieben aber aus. Nun hat sich die Kommune Aue-Bad Schlema entschieden, das einmalige Gebäude selbst zu sanieren, damit das gemeinsame Standesamt einziehen kann. Im Tempelsaal soll ein Trauzimmer entstehen. Fördermittel stehen bereit, in den nächsten Jahren ist aber nur mit einzelnen Bauarbeiten zu rechnen.

Die Eingänge und Fenster des Logenhauses sind gründlich verschlossen worden.

EIN BRUDER ERZÄHLT Einen ausführlichen Einblick in die aktive Zeit der Freimaurer in Aue hat Archivar Berndt Thomas Möckel im *Quartiersmagazin* der Stadtverwaltung von Aue-Bad Schlema gegeben. Er ist selbst bekennender Freimaurer der Logen in Erfurt und Schneeberg. Ihm zufolge befand sich im ersten Stock der sogenannte Tempelsaal, wo die rituellen Zusammenkünfte stattfanden. Darin soll es eine Flüsterecke gegeben haben: Wer dort sprach, wurde in der gegenüberliegenden Ecke, aber nicht im Rest des Saales gehört. Durch die abgehängte Saaldecke funktioniert sie nicht mehr. Möckel hofft, dabei sein zu können, wenn die Zwischendecke entfernt wird, sagte er im Gespräch mit der Autorin. Ein akustischer Effekt ist unter der Kuppel über dem oberen Treppenabsatz zu erleben, die alle Geräusche verstärkt und möglicherweise zur

Die Stadtbibliothek – jetzt zwei Häuser weiter – war einst Gast im Logenhaus.

Begrüßung genutzt worden sein soll. Bis auf die Geländer, Reste der ursprünglichen Wandbemalung (die Brüderkette als Symbol für den weltweiten Bund der Freimaurer) sowie die Bleiglasfenster von 1926, die im Stadtmuseum liegen, wirkt das Innere auf den aktuellen Aufnahmen schmucklos. Was noch »Zu den drei Rosen im Erzgebirge« gehörte, zum Beispiel Bijoux (Logenabzeichen), Hämmer, Zirkel und Winkel, liegt vielleicht noch auf den Dachböden der Stadt versteckt, so hofft Möckel.

KEIN GEHEIMNIS? Zu den Mitgliedern der Auer Loge gehörten bekannte Männer der Stadt: Schuldirektor Friedrich Bauer, Bankdirektor Paul Ebert, Fabrikdirektor Ernst Wellner und Fabrikbesitzer Paul Wellner (siehe unten) sowie Kapellmeister Ernst Sättler und viele mehr zählt Möckel auf. Im Erdgeschoss wurde gefeiert, darüber fand die Tempelarbeit statt: Nach dem Empfang durch den Meister vom Stuhl, die Aufseher und den Zeremonienmeister nahmen die Brüder links und rechts von ihnen Platz. Auf ein rituelles Wechselgespräch und Musik folgte ein Vortrag eines Mitglieds, dann der Auszug der Brüder. Die Logenakten aus jener Zeit wurden zwar vom NS-Regime beschlagnahmt, aber aufbewahrt, und sind heute jedem mit Genehmigung einer Großloge zugänglich, erzählt er.

FREIMAUREREI IM 21. JAHRHUNDERT
Das Haus am Schillerplatz ist eines von dreien, die die Freimaurer als Logenhaus im Erzgebirge bauen ließen. Das Logenhaus in Annaberg-Buchholz wurde 2020 abgerissen, nachdem die Bausubstanz nach einigen Jahren Leerstand nicht mehr zu retten war. Dafür ist der Bund in Schneeberg seit 2014 wieder aktiv: Die Loge »Archimedes zum sächsischen Bunde« nutzt das ursprüngliche Logenhaus in der Seminarstraße und ist Mitglied in der Großloge der Alten Freien und Angenommenen Maurer von Deutschland. Aufgrund der geringen Mitgliederzahlen sei es für die Logen oft schwer, die historischen Gebäude mit zwei Sälen zu erhalten, erläutert Möckel. Er hat 2007 noch eine Führung durch die Annaberger Loge gemacht und bedauert den Abriss. Um aufgenommen zu werden oder eine neue Loge zu gründen, ist ein langer ritueller Prozess nötig. Aber generell kann jeder erwachsene Mann, der sich den Prinzipien Freiheit, Gleichheit, Brüderlichkeit, Toleranz und Humanität verpflichtet fühlt und der bereit ist an sich und der Gesellschaft zu arbeiten, dazu ein selbstbestimmtes und stabiles Leben lebt, bei der Großloge eine Anfrage auf Aufnahme stellen, erklärt diese auf ihrer Webseite. Frauen haben inzwischen eine eigene Großloge in Deutschland.

DAS INNERE BAND Also ist es nur ein Treff unter einflussreichen Persönlichkeiten aus Wirtschaft und Gesellschaft? »Die Freimaurerei ist kein Geheimbund«, steht auf der Webseite der Maurer-Großloge. Mit Öffentlichkeitsarbeit bis hin zu Podcasts machen die Freimaurer inzwischen von sich reden. Über Details des Brauchtums sowie interne Belange wird aber nach wie vor geschwiegen. »Durch ihre Preisgabe würde sich die Freimaurerei nicht nur eines wesentlichen Elements ihrer Wirksamkeit nach innen und außen berauben. Sie würde vor sich selbst unglaubwürdig und gefährdete das auf Schweigen und Vertrauen beruhende innere Band«, heißt es weiter. Ein paar Geheimnisse bleiben. »Das eigentliche Geheimnis ist das persönliche Erlebnis«, erläutert Möckel. Selbst die Abläufe der Riten seien ja mittlerweile im Internet zu finden. Nicht zu beschreiben sei indes das Gefühl, weltweit mit Brüdern in Verbindung zu stehen, als ob man sich seit jeher kenne, oder eben selbst die traditionellen Rituale zu erleben. Wer tiefer ins Thema einsteigen will, dem sei das Deutsche Freimaurermuseum Bayreuth empfohlen oder einer der öffentlichen Abende der Schneeberger Loge.

Besteck aus Aue

Aue hatte zwar seit 1627 das Marktrecht, blieb aber eine sehr kleine Stadt. Sie wuchs erst mit der Industrialisierung und der Neugründung zahlreicher Fabriken beachtlich: Lebten 1834 gerade einmal 1106 Menschen in Aue, waren es 1890 bereits 6004 und nur 20 Jahre später 19 363. Viele Gebäude tragen deshalb die Handschrift von Gründerzeit und Jugendstil. Ein berühmtes Beispiel ist die ehemalige Besteck- und Silberwarenfabrik Wellner an der Marie-Müller-Straße, die als assoziiertes Objekt (als Beispiel für eine Bergbaunachfolgeindustrie) auch in der Weltkulturerbe-Liste Erwähnung findet. Wellner Silber landete in Luxushotels weltweit. Nach dem Zweiten Weltkrieg knüpften die Auer Besteck- und Silberwarenwerke (ABS) an die Tradition an – inzwischen gibt es wieder Wellner-Besteck, aber aus Schneeberg. 1989 wurde der Standort Aue geschlossen und die Fabrik verfiel. Seit 2016 hat die Stadt Aue-Bad Schlema die Hauptgebäude saniert und die Fassade ist wieder ein Schmuckstück. 2022 wurde ein Käufer gefunden, der nun den Innenausbau übernehmen und ein Seniorenzentrum einrichten will.

Das Gelände ist weiträumig abgesperrt, immer wieder sind Teile herabgestürzt.

Dem Gelände des Nachtsanatoriums sieht man es deutlich an: Heimliche Besucher scheuen den Zutritt nicht.

14

WO DIE KUMPEL SCHLIEFEN

Das Nachtsanatorium in Niederschlema

Die Kurvergangenheit sieht man dem großen Bauwerk im Wald noch an, aber durch die vielen Zimmer weht nur noch ein Hauch von Hoffnungslosigkeit. Statt Kurgäste spazieren Rehe durch den Park.

Aue-Bad Schlema, Erzgebirgskreis **Ort** Ehemaliges Nachtsanatorium, Auer Talstraße 66, 08301 Bad Schlema **GPS** 50.60237830563445, 12.689529870669924 **Anfahrt** Mit der Citybahn C13 von Chemnitz nach Aue, vom Bahnhofsvorplatz mit der Buslinie 365 zur Haltestelle Talstraße oder mit dem Auto A72 (Abfahrt Hartenstein), Hartensteiner Straße, Bahnhofsstraße, Talstraße

NACHTS KUR, TAGS ARBEITEN? Was heute wie ein seltsames und wenig gesundheitlichen Erfolg versprechendes Konzept klingt, war in der DDR gang und gäbe. Sogenannte Nachtsanatorien entstanden zahlreich in den Bergbaugebieten, um den Kumpels nachts Möglichkeiten zur Erholung und auch Zugang zur ärztlichen Untersuchung zu bieten, während sie tagsüber wieder zur Schicht antreten konnten. Sie waren Teil des Netzwerks von Gesundheits- und Erholungseinrichtungen, die die Sozialversicherungskasse der Wismut AG betrieb. 1952 gehörten bereits 15 Polikliniken, 13 Krankenhäuser, vier Nachtsanatorien, vier Sanatorien sowie ein Prophylaktorium dazu, wie Zeithistorikerin Juliane Schütterle für das *Deutschland-Archiv der Bundeszentrale für politische Bildung* aufschrieb. 1955 wurde das Nachtsanatorium »Stalin« in Niederschlema eingeweiht.

KEINE SCHUTZKLEIDUNG IM STOLLN
Die Kumpel, die ab 1947 Uranerz für die sowjetische Atomindustrie abbauten, hatten damit zwar eine gute medizinische Versorgung, aber zugleich Arbeitsbedingungen ohne nennenswerten Arbeitsschutz – Material und Hilfsmittel fehlten oft und selbst Staubschutzmasken gab es erst ab 1951, nennt Schütterle ein Beispiel. Ihr zufolge ging es der Wismut auch nicht vorrangig um die Gesundheit ihrer Mitarbeiter – ehemalige werden davon nicht überrascht sein – sondern um die Leistungsmobilisierung und Steigerung des Arbeitsvermögens. Sie ordnet die Nachtsanatorien als pragmatische Institution ein, die gleichzeitig die angespannten Wohnverhältnisse entschärfen sollten. »Anfangs wurden ganze Brigaden zur Kollektiv-Erholung in die Kliniken eingewiesen«, berichtet sie. Maximal blieb ein Kumpel vier Wochen in der Einrichtung. Ende der 1950er-Jahre soll das Konzept langsam ausgedient haben. Die schwierige Wohnsituation und die Gesundheitsgefährdung Untertage blieben aber bis zum Ende des Uranerzabbaus ein Thema. Bergmann und Ingenieur Klaus Beyer schrieb in seinen Memoiren, die Niederschlemaer Einrichtung habe den Kumpeln bis Mitte der 1970er als Kur mit Bädern, Massagen und anderen Gesundheitsdiensten zur Verfügung gestanden und anschließend üblichen Kurgästen. »Ich habe 1957 (oder 1958) drei Wochen im Nachtsanatorium in Schlema gekurt und diese Einrichtung als sehr angenehm empfunden«, erinnerte er sich. Mitte der 1960er begann die Wismut die Einrichtung zudem für Schulungen zu nutzen.

EIN GESCHLOSSENES DENKMAL Das Nachtsanatorium wurde im Stil der nationalen Bautradition der 1950er-Jahre errichtet, wie das Landesamt für Denkmalschutz

Ordentlich zugewachsen: Das Parkgelände müsste auch wieder einmal gepflegt werden.

erklärt. Alte Postkarten zeigen eine helle Fassade mit nicht mehr leserlicher Aufschrift, einen grünen Innenhof, eine Balustrade im ersten Stock und darunter einen schattigen Eingangsbereich. Die Einrichtung zum Beispiel des Speisesaals wirkt auf Aufnahmen aus den Anfangsjahren schlicht, aber die architektonische Gestaltung mit quadratischen Säulen und Streben an der Decke durchaus ehrwürdig. Als authentisch erhaltener Bau im Zusammenhang mit Schlemas Uranerzbergbau, der erst 1990 endete, ist er »baugeschichtlich, ortsgeschichtlich und sozialgeschichtlich von Bedeutung«, doch das sieht man ihm heute nicht mehr an. Im Wärterhäuschen wurde Müll abgelagert. Das Gelände ist zugewachsen, auf den Wegen und Zufahrten liegen dicke Moosschichten. Viele Fenster sind mit Brettern verschlossen und ein Balkongeländer hängt herab. Graffiti künden von heimlichen Besuchern.

BIZARRE PLÄNE Nach 1990 diente das Haus vorübergehend als Ausweichstelle eines Alten- und Pflegeheims, seither steht es beinahe 20 Jahre leer. Im Jahr 2011 plante der damalige Eigentürmer, hier ein Café, eine Disco und Wohnungen einzurichten. Laut der Freien Presse hatte zwar die Entkernung begonnen, aber als Ein-Mann-Show, wie es in dem Bericht heißt. Eine Bauvoranfrage oder ein Bauantrag? Fehlanzeige. Zugleich habe der Eigentümer den Marmor für den Eingangsbereich schon bestellt ... Seither ist auf dem Gelände wenig passiert und die Schilder, die auf eine Baustelle hinweisen, sind verblasst. Abbruch und Renaturierung stehen nun im Integrierten Stadtentwicklungskonzept, aber ohne Zeitplan. Es ist also gut möglich, dass lange nichts geschieht auf dem Gelände – außer, dass ab und zu ein Reh vorbeischaut.

Das Wachhäuschen an der Auer Talstraße ist schon lange nicht mehr besetzt.

Wandern zwischen Muldetal und Bergbauspuren

Seit dem Ende des Uranbergbaus ist in Schlema viel passiert: Seit 1991 hat die neu gegründete Wismut GmbH die Sanierung aufgenommen. Seit 2005 darf sich die Stadt wieder Bad Schlema nennen und gehört mittlerweile wieder zu den Top-Kurorten in Deutschland. Zeichen des Bergbaus werden aber immer in der Landschaft erhalten bleiben, wenn auch als begrünte, abgedeckte Halden. Eine kurze, abwechslungsreiche Runde beginnt unweit der Auer Talstraße an der Eisenbrücke über die Zwickauer Mulde. Am anderen Ufer kann man direkt auf eine der Halden aufsteigen, die heute vom Modellflugverein genutzt wird oder linker Hand auf dem Paul-Rössel-Weg entlang der Mulde und hinauf zur Bastei wandern. Von dort geht es über den Katzensteig an Halde 296 vorbei zur Straße und parallel zu ihr zurück zum Modellflugplatz und hinab ins Tal. Zeichen des Bergbaus finden sich am Weg zahlreiche, aber auch schöne Ausblicke auf Aue-Bad Schlema und Schneeberg. Eine längere, anspruchsvollere Runde ist der Bergbau- und Sanierungslehrpfad, der am Kulturhaus Aktivist und Museum für Uranbergbau an der Bergstraße 22 beginnt und endet. Er ist mit TK 7 beschildert und grün-weiß markiert.

15

KEINE GNADE

Die Dudelskirche und der letzte Bär in Waschleithe

Statt einer Wallfahrtskirche hat das Tal nur eine Ruine bekommen. Die Pläne wurden Opfer der Reformation – oder einer Strafe Gottes?

Waschleithe, Grünhain-Beierfeld, Erzgebirgskreis

Ort Dudelskirche, Talstraße, 08344 Grünhain-Beierfeld
GPS 50.55174506586188, 12.831084064832742

Ort Höhle, Nähe Oswaldtalstraße, 08340 Schwarzenberg, **GPS** 50.549119, 12.804578

Anfahrt Mit Bus 383 von Chemnitz nach Schwarzenberg, dann Buslinie 343 vom Busbhf. Schwarzenberg zur Haltestelle Talstraße oder mit dem Auto A72 (Ausfahrt Stollberg-West) Richtung Zwönitz, Grünhainer Straße, Raschauer Straße/Am Fürstenberg, Wanderparkplatz rechts

Wenn diese Mauern reden könnten: Sie sind die letzten Reste der Dudelskirche in Waschleithe.

DIE UNVOLLENDETE Es hätte so schön werden können: Im Tal bei Waschleithe hätte auf einer Wiese am plätschernden Oswaldbach eine Wallfahrtskirche gestanden. Besucher aus nah und fern wären zu ihr gepilgert, nicht nur zum Jahrmarkt. So stellte es sich vermutlich auch Georg Küttner vor, als er die St.-Oswaldskirche um 1515 erbauen ließ. Küttner war seit 1507 Abt im Zisterzienserkloster im benachbarten Grünhain. Doch der Bau stand unter keinem guten Stern – so viel ist trotz der schlechten Datenlage sicher. Denn seit 1536 verfällt der spätgotische Sakralbau. Die Jahrhunderte hat nur eine Ruine überdauert. 2008 wurde darin ein Holzkreuz des Scheibenberger Künstlers und Drechslers Peter Rehr aufgestellt.

KEINE EINFACHE ZEIT Das Kloster war bereits 1236 geweiht worden. Der Burggraf von Meißen soll veranlasst haben, dass Mönche zur Kultivierung des Waldgebiets, des legendären Miriquidis, in die Gegend ziehen, wo sich bereits einzelne Siedler niedergelassen hatten. Daraus wurde »eines der wichtigsten und reichsten Klöster des meißnisch-sächsischen Erzgebirges«, wie Emil Herzog 1869 in *Archiv für die sächsische Geschichte* einordnete. Ländereien, drei Städte und um die 50 Dörfer gehörten dem Kloster und noch bis Anfang des 15. Jahrhunderts kamen Dörfer hinzu – darunter Glatzberg, laut Herzog vermutlich das heutige Waschleithe. Küttner und sein Nachfolger, Johannes Göpfert, hatten indes die Zeit des Niedergangs erwischt und diese hat vermutlich auch das Schicksal der Oswaldskirche besiegelt. Die sich ausbreitende Reformation veranlasste 16 Mönche, das Kloster zu verlassen und zum lutherischen Glauben überzutreten. Im selben Jahr, 1522, stürmten Bürger den Grünhainer Hof in Zwickau, um einen Bauern zu befreien. Zwei Jahre später starb Küttner. 1525 brach der Bauernkrieg aus, in dem das Kloster geplündert und verwüstet wurde. Es erlangte seine Macht nur kurzzeitig zurück, aufgrund der Reformation wurde 1533 seine Auflösung beantragt. 1536 zogen der Abt und die verbliebenen Mönche aus, manche mit dem Ziel Böhmen, und ein Feuer zerstörte die Anlage. Viele Dokumente sind seither verloren.

Jede Nacht um Zwölf soll hier ein Geist sein Unwesen treiben.

EIN MORD, EIN BLITZ UND EIN GEIST Was die Zeit überdauerte, war der umgangssprachliche Name der Wallfahrtskirche: Dudelskirche. Die Bedeutung soll auf das frühneuhochdeutsche *dult* zurückgehen, was kirchlicher Festtag, Kirchweihe oder Jahrmarkt heißt und als wahrscheinlich gilt, weil Jahrmärkte damals an Wallfahrtskirchen abgehalten werden durften. Ob die Kapelle fertiggestellt wurde oder aufgrund der Reformation noch im Bau zur Ruine verfiel, ist nicht überliefert. Auch nicht, ob sie zerstört wurde. Über die Jahrhunderte wurde sie

Das Denkmal erinnert an die Rettung von Prinz Albrecht (Kapitel 12).

Herzog zufolge häufig von Schatzgräbern aufgesucht, sodass man froh sein kann, dass heute überhaupt noch ein Stein auf dem anderen liegt. Statt der Fakten wurde außerdem eine Legende weitererzählt. Widar Ziehnert hat sie 1839 in Reimform in *Sachsen's Volkssagen* aufgeschrieben: Kaspar Klinger, ein reicher Hammerwerksbesitzer, soll zu stolz gewesen sein, um irgendjemanden zu grüßen – nicht einmal Wolf Götterer, Bergherr in Elterlein und ebenso reich. Doch Götterer ließ das Schweigen nicht auf sich sitzen und wies Klinger zurecht. Der plante mit seinem Bruder Barthel Rache. In der Pfingstnacht versteckten sie sich im Haus und schlugen Götterer nieder. »Und eh' er kann sich wehren und kann nach Hülfe schrei'n, da schlagen sie den Schädel ihm mit den Beilen ein«, reimt Ziehnert. Die beiden wurden gesehen und Kaspar vor den Richter geführt. Er bot an, zur Sühne eine Kirche zu bauen und Geld zu zahlen und kam frei. Sein Bruder allerdings starb bei einem Sturz vom Pferd. Nach drei Sommern soll die Kirche fertig gewesen sein, die Weihe stand bevor. Doch an dem Tag zog ein Gewitter auf. Als der Glöckner sich weigerte, die Glocke zu läuten, bevor es vorübergezogen war, übernahm es Klinger selbst. In seinem Hochmut überging er sogar die Bedenken des Pfarrers, läutete die Glocke und wurde vom Blitz erschlagen, der auch den Kirchturm in Brand setzte. Seine Leiche wurde am Waldrand vergraben und die Kirche nie wieder aufgebaut. Nun spukt Klinger um Mitternacht und grüßt jeden, den er sieht – solange, bis ihm endlich jemand dafür dankt. »So gieht die Mär des Volkes«, schließt Ziehnert sein Gedicht.

NUR EINE MÄR? Wahr ist daran, dass es den Hammerherr Kaspar Klinger aus Elterlein wirklich gegeben hat, in den Chroniken steht er als Entdecker der Silbererzgänge am Scheibenberg 1515 und Errichter der Schmelzhütte und des Hammerwerks Förstel am Schwarzbach 1540. Aber auch für den Mord finden sich andere Quellen als die Sage: So heißt es im *Vollständigen Staats-, Post- und Zeitungs-Lexikon von Sachsen*, verfasst von August Schumann 1825, dass die Markersbacher Kirche Ablass gewährte und dass die Erlaubnis dazu Klinger selbst aus Rom mitgebracht hatte, wohin er wegen des Mordes an Paul Götterer eine Wallfahrt unternommen hatte. Die Brüder hätten zudem die Oswaldskirche und »12 silberne Schocke, 50 Harnische und Krebse, viele Büchsen und Bogen, Seelbäder stiften« müssen. Vom gewaltsamen Tod der Brüder erzählt sie jedoch nichts. Aber auch zwischen dieser Quelle und dem Bau der Kirche liegen 300 Jahre und Klingers Schicksal – Gnade oder nicht? – weiter im Dunkeln.

DIE HÖHLE In der Nähe liegen ein Wanderparkplatz als Ausgangspunkt für zahlreiche Touren und das Schaubergwerk Herkules Frisch Glück. Einen Ort mit leichtem Gruselfaktor, nicht nur für Kinder, gibt es auch noch: die Bärenhöhle. Dorthin geht es gegenüber vom Schaubergwerk zunächst zur Köhlerhütte Fürstenbrunn – einer urigen Kneipe, vorbei an einem Denkmal zum Prinzenraub. Danach, dem mittleren Weg folgend, gelangt man zum Sauerwiesenbächel und dann rechts hoch zum Waldrand. Der Weg führt an einer Kurve in den Wald, an einem Rinnsal vorbei und steigt dann langsam an. Schließlich führt rechts ein Pfad hinauf zu den Felsen. Ein Schild weist vor der Höhle darauf hin, dass der letzte Bär von Waschleithe 1702 erschossen worden ist. Er war damit wohl einer der letzten Bären im ganzen Erzgebirge, wo die Tiere seit 1734 als ausgestorben gelten. Nun künden nur noch Orte wie dieser oder Ortsnamen wie Bärenstein davon, dass sie einst in diesen Wäldern heimisch waren.

Das Kloster

Das ehemalige Kloster in Grünhain-Beierfeld kann ebenfalls besichtigt werden. Die Klostermauer und der Fuchsturm stehen sogar noch, von der Kirche sind zumindest die Grundmauern über die Jahrhunderte erhalten geblieben. Der Zugang ins Gelände ist an der Zwönitzer Straße 14 möglich. Dort steht das ehemalige Amtshaus des Klosters, das zum Wohnhaus umgebaut werden soll (Klosterführungen nach Voranmeldung: 03774/350 26).

Auf Gnade durften die Bären im Erzgebirge nicht hoffen: Seit fast 300 Jahren gibt es keine mehr.

Große Halle für große Rohre: Der VEB Kombinat Kraftwerksanlagenbau brauchte die Fabrik für den Bau des Pumpspeicherwerks.

16

SOMMERFRISCHE UND HARTE ARBEIT

Das verschwundene Casino Nietzschhammer

Der Bau des Pumpspeicherwerks bei Markersbach bedeutete für das Dorf und die Landschaft gravierende Veränderungen. Manche Gebäude sind dem Unterbecken gewichen, andere am Oberbecken entstanden.

Markersbach, Raschau-Markersbach, Erzgebirgskreis

Ort Unterbecken, Oberbeckenstraße 2, 08352 Raschau-Markersbach
GPS 50.525009, 12.875551

Ort Oberbecken, Ringstraße, 08352 Raschau-Markersbach
GPS 50.51086358033102, 12.866390649655267

Anfahrt Mit Buslinie 383 nach Schwarzenberg, dort am Busbhf. Linie 332 nach Markersbach Zufahrtsstollen oder mit dem Auto A72 (Stollberg-West), S258 Richtung Zwönitz/Elterlein, in Scheibenberg B101 Richtung Raschau, links in Markersbach zum Unter- und Oberbecken

EIN DORF WENIGER Stauseen, vor allem zur Trinkwassergewinnung, gibt es im Erzgebirge reichlich – aber das Unterbecken bei Markersbach ist speziell. Gemeinsam mit dem Oberbecken auf dem Nachbarberg ist es eines der größten Wasserkraftwerke in Europa, wie Eigentümer Vattenfall einordnet. Wenn das Wasser vom Oberbecken hinabfließt, treibt es sechs Turbinen an und erzeugt seit dem Jahr 1981 bei voller Leistung 1050 Megawatt. 1968 wurde mit der Bauvorbereitung begonnen – und dazu gehörten die Umsiedlung der Bewohner von Obermittweida und der Abriss des Markersbacher Ortsteils. Heute erinnern bei extremem Niedrigwasser im Unterbecken nur noch ein paar Grundmauern an das einst berühmte Hammerwerk und spätere Casino »Nietzschhammer«.

DER HAMMER IM TAL Die erste Erwähnung, damals als Obermittweidaer Hammer, findet sich schon 1539. Der Nietzschhammer war auch als Hammermühle, Hammer Löwenthal und Wolfshammer bekannt, schrieb Walther Fischer 1965 in seiner *Geschichte des Sächsischen Berg- und Hüttenwesens.* Über drei Jahrhunderte wechselten die Besitzerfamilien, und die Anlage rund um das Eisenhammerwerk und die Schmelzöfen wuchs. Durch Brände und Hochwässer gab es zwar Rückschläge, aber der Hammer blieb in Betrieb, anders als viele andere: Um 1750, schrieb Siegfried Sieber 1930, waren manche Hämmer schon im Verfall: »Still steht mancher Hammer, weil England billiger liefert.« Der Nietzschhammer überlebte noch bis Mitte des 19. Jahrhunderts (ein funktionsfähiges Hammerwerk kann man im Frohnauer Hammer bei Annaberg besichtigen).

ERZGEBIRGISCHE REDNECKS? Von Sieber stammt auch eine ausführliche Broschüre des Hammerwerks von 1929, in der er für die Betreiber 100 Jahre vorher wenig schmeichelhafte Worte findet: »ein lustiges Völkchen, absonderlich in Sprache und Sitte: Ein kräftiger, schwarzer Menschenschlag, mit weißschimmernden Zähnen, [...] dazu schwerhörig oder blödsichtig infolge des Hammergetöses und der Hochofenhitze«. Die Kinder wüchsen wild auf, die Alten bettelten und die Schmiede seien »rußig und haarig, durstig aber lustig«. Sie konnten sich nicht mehr dagegen wehren.

ERHOLUNG FÜR STÄDTER UND KRANKE Auch ohne Hammer wurde weiter produziert: ab 1860 Tür- und Fensterbeschläge, um 1910 gab es eine Schleiferei, einige Mühlen und Landwirtschaft in Obermittweida. Das einstige Herrenhaus wurde um die Jahrhundertwende als sogenanntes Casino Nitzschhammer betrieben (die Schreibweise variiert). Wer Glücksspiel vermutet, liegt falsch: Seit 1872 war der Betrieb von Spielbanken in Deutschland verboten. Vielmehr wurden so auch Klub- und Gesellschaftshäuser bezeichnet. 1899 warb das Casino im *Leipziger Tageblatt* um »Erholungsbedürftige«: »Pension billig und gut«, heißt es bescheiden in der Anzeige. »Solch abgelegene, wundervoll in Wald und Gebirgstal eingebettete Gebäude

Der Wasserspielplatz am Unterbecken ist ein Highlight für Kinder.

[...] gab es aber um jene Zeit nur wenige im Erzgebirge«, schwärmte Sieber. 1920 wurde das Haus verkauft und das *Auer Tageblatt* berichtet von den zahlreichen Spenden, die der Verband der Ortskrankenkassen bekommen hat »zum Ausbau und zur inneren Einrichtung des ihm zugehörigen Genesungsheimes Nietzschhammer«. Postkarten der Zeit zeigen ein Hauptgebäude sowie einige kleinere Fachwerkhäuser, einen Teich mit Pavillon und Bootsanleger, eingebettet zwischen Feldern und Wäldern. Obermittweida war als Sommerfrische bekannt und als Station auf Wanderungen beliebt. Nun kamen auch Kurgäste, um sich in der ruhigen Umgebung zu erholen. »Möge in Mittweidas altem Hammerwerk noch so mancher Heilungssuchende gestählt und für Leben und Arbeit neu gestärkt werden zum Segen unserer Heimat!« So endet Siebers Bericht, nicht ahnend, was aus dem Nietzschhammer werden würde.

Am Zufluss zum Stausee steht auf einer Lichtung ein Hexenhaus.

JUGENDLAGER IN DER DIKTATUR Zehn Jahre später, im Dritten Reich, diente das Genesungsheim anderen Zwecken: als Landjahrlager der Nationalsozialisten. Ursprünglich als Landwirtschaftshilfe für Schulabgänger nach der 8. Klasse gedacht, wurde das Landjahr 1934 verpflichtend und um ideologische Bildung ergänzt. Die *Dresdner Nachrichten* berichteten im April 1939 von 700 Jungen im Gau, die ihre achtmonatige Landjahrzeit begannen. Aus dem Bezirk Dresden-Bautzen wurden die Jungen unter anderem ins Lager nach Nietzschhammer geschickt. Das sei »kein Erholungsaufenthalt«, so der Artikel. »Aus gemeinsamen Erleben von Heimat und Volk wachsen die Landjahrpflichtigen in den Aufgabenbereich eines jungen Nationalsozialisten hinein«, so das Ziel. Straffe Lagererziehung, Sport, Arbeit, »weltanschauliche Schulung« und auch Musik und Spiel sollten dazu beitragen. Der Werbetext für die in der DDR-Zeit folgende Einrichtung liest sich ganz anders: »Ein frohes Kinderleben in der schönen Natur festigt die Gesundheit der Kinder. Interessante Beschäftigungen wie Filmvorführungen, Spiele, Benutzung der Musikinstrumente, Bücher, Sportgeräte, lassen die Zeit des Aufenthaltes recht abwechslungsreich vorübergehen.« So beschreibt das FDGB-Überblickswerk *Urlaub-Erholung-Genesung* 1959 das Kindererholungsheim »Otto Schieck«. Dorthin konnten ab 1946 Kinder 21 Tage zur Kur fahren. Wie es ihnen ging, ist nicht bekannt.

AUF DEM BERG GELASSEN Mit dem Bau des Pumpspeicherwerks wurden sämtliche Gebäude im Tal der Großen Mittweida abgerissen, um das Flüsschen anzustauen. Aber auch auf dem Berg waren die Veränderungen gewaltig: Der Gipfel des Hundsmarters

Wenn der Stausee gefüllt ist,
zeugt nichts mehr von dem Dorf darunter.

wurde abgeflacht und das gigantische Oberbecken angelegt – heute ist die Dammkrone auf 848 Metern über NN der höchste Punkt. Aus der Bauzeit in den 1970ern steht noch eine Fabrikhalle neben dem Becken wie ein Bollwerk, aber der Witterung ausgesetzt.. Dabei muss sie einst der ganze Stolz der Anlagenbauer gewesen sein: Der VEB Kombinat Kraftwerksanlagenbau (und sein Vorgänger VVB) ließ darin die Rohre herstellen, die Oberbecken und Unterbecken verbinden. 40 Meter lange Stahlplatten wurden mit Tiefladern auf den Berg gefahren, von speziellen Maschinen kalt zur Röhre geformt und anschließend über schiefe Ebenen über den Damm in die Kaverne, also den Hohlraum im Berg, eingelassen, erklärt Gerd Grimm, Architekt und Ortschronist aus Markersbach. Oben hatten sie einen Durchmesser von 6,5 Metern, 290 Meter tiefer von 6 Metern, um den Druck zu erhöhen. Die raffinierten Maschinen seien noch nach der Wende genutzt worden, unter anderem für den Bau eines tschechischen Wasserkraftwerks. Danach wurde die Halle als Lager genutzt, schildert der Eigentümer. Aktuell steht sie zwar leer - doch das soll nicht so bleiben. Ein Nutzungskonzept ist in Arbeit und Mieter dafür werden gesucht.

Rund um den Stausee

Das Unterbecken im Tal der Großen Mittweida lässt sich am besten zu Fuß oder mit dem Fahrrad entdecken. Der Rundweg, der am Parkplatz an der Staumauer beginnt, ist knapp 6 Kilometer lang. Im Uhrzeigersinn geht es zuerst über die Mauerkrone, dann durch den Wald, der gelegentlich den Blick auf den Stausee freigibt. Am Zufluss der Großen Mittweida geht rechts ein Pfad ab. Dort steht ein Häuschen, das verdächtige Ähnlichkeit mit dem Hexenhaus der Baba Jaga hat! Am Waldparkplatz rechts halten, dann ist nach rund 800 Metern ein Rastplatz am Standort des Nietzschhammers erreicht. Ein Highlight für Kinder ist danach der Mühlchen-Rastplatz, wo ein Bächlein Wasserräder antreibt. Vorbei an den technischen Anlagen des Pumpspeicherwerks geht es zurück zur Staumauer. Rund um das Oberbecken führt eine Roller- und Skaterstrecke, im Winter eine gespurte Loipe. Dann beginnt hier auch die präparierte Hundsmartertrasse – ein fast 20 Kilometer langer Skiwanderweg. Wenn sie nicht wegen Bauarbeiten gesperrt ist, ist auch die Dammkrone des Oberbeckens begehbar, von der man einen Rundumblick auf die Berge des Erzgebirges und das Unterbecken hat.

17

DAS ENDE DER POSTKARTENIDYLLE

Die Gasthäuser von Johanngeorgenstadt

Die Bergstadt erlitt einen Bevölkerungsschwund wie kaum eine zweite: Erst lockte der Bergbau tausende Arbeiter an, doch sie blieben nicht nach dem Ende des Uranbergbaus 1958. Von über 40 000 auf unter 4000 Einwohner: Das geht nicht spurlos.

Johanngeorgenstadt, Erzgebirgskreis

Ort Deutsches Haus, Schwarzenberger Straße 39
GPS 50.436582630882526, 12.727562826424228

Ort Grenzlandbaude, Eibenstocker Straße 104
GPS 50.43997435045765, 12.69856032247648

Ort Sporthotel Waldfrieden, Steinbach 54 **GPS** 50.44183917947243, 12.671485857843578

Anfahrt Mit dem Zug RB95 aus Zwickau oder mit dem Auto A72 (Ausfahrt Hartenstein), S255 nach Aue, B101 nach Schwarzenberg, Eibenstocker Straße nach Antonsthal, Talstraße/ Schwarzenberger Straße

Nicht alle Hotels, die einst zahlreiche Besucher von Johanngeorgenstadt beherbergten, haben die Zeit überdauert.

Vernagelt und verfallen ist die Grenzland-Baude am Pass.

DIE LÜCKE IN DER STADT Die Geschichte von Johanngeorgenstadt ist eine merkwürdige: Hätte der Befehl nicht Abriss geheißen – fast die gesamte Altstadt wäre heute ein Lost Place. Stattdessen sind mehrere Straßenzüge leer. Vom »Markt«, einem Park voller Gedenksteine, geht es statt in die Innenstadt in einen Wald. Ursache der Lücke im Stadtplan ist der Bergbau. Direkt unter der Altstadt ließ die Wismut AG ab 1946 im großen Stil Uranerz abbauen und wegen befürchteter Bodensenkungen ab 1951 den Abriss und die Umsiedlung der Bewohner planen. 319 Häuser wurden dem Erdboden gleichgemacht – trotz Protest aus der Bevölkerung. Zwar ist Johanngeorgenstadt, die »Stadt des Schwibbogens«, bei Touristen beliebt, aber nicht mehr in der Größenordnung wie damals, als Sonderzüge Wintersportler aus Leipzig und Zwickau brachten (20. Jh.) oder mehr als 40 Ferienheime und Betriebsferienlager brummten (DDR-Zeit). Hinzu kommt der Einwohnerrückgang. All das zeigt sich auch an der Zahl der Gasthäuser unter den Brachen der Stadt.

AM BAHNHOF Ein Hingucker, wenn man von Norden in die Stadt hineinfährt, ist das Hotel »Deutsches Haus« mit seinem Türmchen. Es wurde 1901 von Oskar Puschmann im altdeutschen Stil erbaut, der sich auch als Baumeister des 1955 abgerissenen Rathauses und des ersten Fichtelberghauses (das 1963 in Flammen aufging) einen Namen gemacht hat. Den damaligen »Henriettenhof« mit einem Saal für 200 Gäste betrieb er selbst, bis er 1906 Suizid beging. Noch im selben Jahr kaufte laut Ortschronik Max Uhlig das Hotel für 67 000 Mark und nannte es in »Deutsches Haus« um. 1911 sprach darin der spätere Reichskanzler Gustav Stresemann über die 1912 bevorstehende Reichstagswahl. In den 1920ern gehörte das Haus Arthur Krautmann, der in Anzeigen mit Gesellschaftssaal, Zentralheizung und Autogarage um Gäste warb. 1923 weihte der Wintersportverein in der Nähe die Hans-Heinz-Schanze eing. Es galt als eines der besten Hotels der Stadt, wie man einer Liste des Schuldirektors Robert Jahn in *Johanngeorgenstadt und Umgebung. Ein erzgebirgisches Städtebild* von 1927 entnehmen kann.

KRIEGSNUTZUNG UND ENDE Zu einem weiteren politischen Ereignis kam es 1933, als am 22. Januar die Ortsgruppe des »Stahlhelm, Bund der Frontsoldaten« ihre Gründungsfeier im Hotel abhielt. Für einige Jahrzehnte war es anderweitig in Gebrauch: erst als Bürogebäude der Blechwarenfabrik Wendler & Weiß, die seit 1912 am Bahnhofsteig »Oel- und Schmierkannen, Wärmflaschen, Leibwärmer, sämtliche gezogenen und gedrückten Massenartikel« produzierte, wie Jahn berichtet, dann im Zweiten Weltkrieg als Lazarett. Danach übernahm die Wismut AG das Fabrikgebäude von Wendler & Weiß und ins Hotel zog die Bergwerksverwaltung ein. Erst in den 1960er-Jahren öffnete es wieder für Touristen – als HO-Hotel, vermutlich bis zur Wendezeit.

FACHWERK UND TÜRMCHEN Historische Ansichtskarten zeigen das Haus mal als Winterschlösschen, mal erhaben über dem Bahnhof mit Talblick. Heute zeigt es sich zu-

Die Reklame am Haus macht klar: Hier ist lange nichts passiert.

gewachsen, aber noch sehr ansehnlich – im Dornröschenschlaf, so scheint es. Doch im Inneren sind die Schäden größer. Es ist – samt Nebengebäude – »baugeschichtlich, ortsgeschichtlich und ortsbildprägend von Bedeutung« und steht unter Denkmalschutz. Übrigens ebenso wie das leere Gebäude nebenan – ein ehemaliges Eisenbahnerwohnhaus.

AM HÖCHSTEN PUNKT 892 Meter über NN verkündet das Schild an der Eibenstocker Straße: Der Pass am Fastenberg ist erreicht. Dort steht ein Gasthaus, das aufgrund dieser Lage einst gut besucht war – die Grenzlandbaude. Heute ist das Grundstück zugewachsen, die Farbe verblichen und die Tür vernagelt. Auf den Postkarten aus den 1930er-Jahren, kurz nach der Eröffnung, sieht das ganz anders aus. Da stehen Tische und Stühle auf dem getrimmten Rasen und warten auf Gäste, die sich von der Lage kühle Luft und Aussicht versprachen. Johanngeorgenstadt hatte als Sommerfrische von sich Reden gemacht. Mit dem Zweiten Weltkrieg war die Hochphase vorbei, bereits seit den 1970er-Jahren soll der Gasthof geschlossen sein.

AM WALDRAND Am Ortsausgang Richtung Wildenthal im Ortsteil Steinbach steht ein großes Objekt leer, das ebenfalls einst der Stolz von Ansichtskarten gewesen ist. Als Restauration »Waldfrieden« warb das Haus im Namen von Inhaber Schmidt 1895 im *Touristen-Führer für Johanngeorgenstadt und Umgegend* des Erzgebirgszweigvereins für sich: »Gutgepflegte böhmische und bairische Biere, Wein u. s. w., warme und kalte Speisen. Waldesnähe. Angenehmer Aufenthalt.« Das klingt anders als rund 100 Jahre später: »Bett ab 10,00 DM. Alle Gerichte bis 9,90 DM«, so das Werbeschild an der Fassade. Zuletzt wurde es als Sporthotel Waldfrieden geführt, in der DDR diente es der IG Wismut als Ferienheim.

FÜR DIE SANIERUNG VORGESCHLAGEN 2019 hat die Stadt ein Konzept für nachhaltiges Gebäude- und Flächenmanagement erarbeitet, um Fördermittel beantragen und mit den Eigentümern über die Zukunft von insgesamt 17 Brachen verhandeln zu können. Für die drei ehemaligen Gasthäuser hoffte die Stadt auf Nachnutzung – räumte gegenüber der *Freien Presse* aber ein, dass der Zustand es schwermachen wird. Mittlerweile stehen die Grenzlandbaude und das Hotel Waldfrieden auf der Abrissliste der Stadt, aber wann die letzten Tage anbrechen, kann noch niemand einschätzen.

DIE DRECKSCHÄNKE Wer von Johanngeorgenstadt nach Horní Blatná (siehe Kapitel 30) fährt, kommt in Potůčky (ehemals Breitenbach) an einem unscheinbaren Gebäude vorbei, das auch eine Vergangenheit – und vielleicht Zukunft – als Gasthof hat. Nichts deutet derzeit darauf hin, dass es sich um die »Dreckschänke« handelt. Vielen ist das legendäre Gasthaus durch das Lied *Da Draakschenk* geläufig, das der Mundart-Sänger Anton Günther schrieb, ab 1904 als Liedpostkarte vertrieb und auch 1935 zum 100-jährigen Jubiläum der Kneipe vortrug. Darin heißt es sinngemäß: Das ist die Dreckschänke, sie ist weit und breit bekannt, in

Sachsen und im Böhmerland, und geht man dort vorbei, so reißt es jeden rein, wer in der Dreckschänke ruht, der klebt auch gut ... Günther war dort Gast, als das Gasthaus von den Nachfahren der Familie Hahn betrieben wurde, die es ab 1835 besessen und langsam ausgebaut hatte. Woher der Name kam, der im Volksmund lange vor dem Lied verbreitet war, ist unklar – der Straßendreck, die Bergarbeiter oder der Vorbesitzer könnten damit zu tun haben. Ab 1885 hing der Name offiziell am Haus. Bis zu ihrer Vertreibung 1945 blieb es im Besitz der Familie. In der Sowjetzeit wurde es erst von der Grenzpolizei, später als Kindergarten genutzt. Eine Wiedereröffnung als Sporthotel Dreckschänke 1991 brachte indes keinen Erfolg und mit dem neuen Jahrtausend begann der Verfall. Seit 2017 gehört die Dreckschänke dem Betreiber des Skigebiets gegenüber, der darin wieder Zimmer und ein Restaurant einrichten will. Entkernt und vom Putz befreit wurde das Gebäude bereits, nun steht der Ausbau an. Umgerechnet rund 400 000 Euro sind dafür veranschlagt. Seit dem Frühjahr 2022 läuft eine Spendenaktion (Infos: www.dreckschanke.cz/de, Liedpostkarten und Historie unter: www.liedpostkarte.de).

Bergbau und Tradition

An Pensionen mangelt es in Johanngeorgenstadt nicht. Wer im Sommer zum Wandern auf dem Kammweg (oder im Winter zum Langlauf auf der Kammloipe) anreist, kann sich außerdem den größten freistehenden Schwibbogen der Welt und die Riesenpyramide anschauen, die beide an der Kreuzung Eibenstocker/Schwefelwerkstraße stehen. Vom Parkplatz an der Pyramide führt ein Weg hinab zum Pferdegöpel, man Bergbaugeschichte erleben kann (montags und freitags geschlossen).

↓ Weit und breit bekannt: die Dreckschänke in Potůčky

↘ Das Hotel »Deutsches Haus«

Im Sprungrichterturm steht die Zeit still, für seine Fassade leider nicht.

18

AUSGEFLOGEN

Die Erzgebirgsschanze in Johanngeorgenstadt

Die Skisprungschanze wirkt gigantisch – aber die Sprünge von ihr sollen es nicht gewesen sein. Aufgrund unerfüllter Erwartungen wurde sie zum schlafenden Riesen.

Johanngeorgenstadt, Erzgebirgskreis **Ort** Erzgebirgsschanze, Henneberger Flügel, 08349 Johanngeorgenstadt **GPS** 50.425721228134215, 12.701745139723512 **Anfahrt** siehe Kapitel 17, über Markt und Eibenstocker Straße zum Parkplatz an der Großen Pyramide, über Auenstraße in den Wald

STANDFEST Der wohl ungewöhnlichste, vom Verfall heimgesuchte Ort von Johanngeorgenstadt ist die Erzgebirgsschanze über dem Schwefelbachtal im Süden der Stadt. Wie der riesige Sprungturm zwischen den Fichten auftaucht, wenn man durch den Wald hinwandert, ist ein einmaliger Anblick – wie eine Mischung aus dem Turm von Isengard und DDR-Stahlbeton-Ästhetik.

GROSSE SPRÜNGE Das lange Zeit schneesichere Johanngeorgenstadt hat schon viele Schanzen gehabt, bevor es zum Bau der aktuellen Anlagen kam. Im Lehmergrund weihte der Wintersportverein 1921 die Murmelmühlenschanze ein, wie die Ortschronik berichtet. Der Verein selbst war 1908 gegründet worden und ist nach wie vor als WSV 08 aktiv. Eines seiner berühmtesten Mitglieder ist Björn Kircheisen, der als ehemaliger Nordisch-Kombinierer auf Weltmeistertitel und Silbermedaillen bei Olympia zurückblicken kann. Bereits 1923 wurde vor 2000 Zuschauern die erneuerte Bahnhofsschanze eingeweiht, die zu Ehren eines 1918 gefallenen Sportfreundes Hans-Heinz-Schanze benannt wurde. Doch sie hatte nicht lange Bestand: Ab 1928 wurde im »Römisch Reich« genannten Waldgebiet am Bau der damals größten Sprungschanze Deutschlands gearbeitet. Bereits im Januar 1929 konnte sie eingeweiht werden – 13 000 Zuschauer sollen dabei gewesen sein. Sie wurde ebenfalls nach Hans-Heinz benannt und von seinem Bruder Guido gestiftet. 1933 stellte der damalige Weltmeister und Olympiasieger Birger Ruud aus Norwegen einen Schanzenrekord auf: 74 Meter (andere Quellen sprechen von 76 Metern). Bis 1941 fanden regelmäßig Schau- und Vereinsspringen statt. Nach dem Krieg gab es 1949 einen Brandanschlag auf die Großschanze, das erste Eröffnungsspringen der Saison wurde auf der kleineren Schanze abgehalten. 1950 wurde die Hans-Heinz-Schanze schließlich umgebaut und umbenannt in Glück-auf-Schanze. Im Januar 1954 wurde ihr 25-jähriges Bestehen mit einem Jubiläumssprunglauf gefeiert, doch bereits im November schreibt der WSV-Chronist: »Wintersport-Sorgen macht den Johann'städtern die Glückauf-Schanze, denn sie ist stark im Verfall begriffen.« 1956 stürzte dann der Anlaufturm der Holzschanze in sich zusammen, 1957 wurde sie abgerissen.

NEUSTART IN BETON Große Hoffnungen lagen nun auf der Erzgebirgsschanze, deren Bau im Sommer 1960 begann und die 1962 eingeweiht wurde. Der Johanngeorgenstädter Herbert Queck, der mit 80 Metern den Rekord der Glückauf-Schanze hielt, führte den ersten Sprung durch. 1963 gab es die ersten internationalen Sprungläufe auf der neuen Schanze. In den Sommern wurde sie als Aussichtsturm genutzt. Große Wettkämpfe sucht man danach aber beinahe vergebens.

Nicht alles verfällt: Jugendschanzen und Baude nutzt der Wintersportverein.

Aus fast 45 Metern Höhe starteten die Skispringer auf der Erzgebirgsschanze.

Die Sprungweiten sollen nicht den Erwartungen entsprochen haben. Eine Ausnahme: 1973 trafen sich Nordisch-Kombinierer aus sechs Ländern zu einem Pokalwettkampf in Johanngeorgenstadt. Regelmäßiger fanden Kinder- und Jugendspartakiaden statt. Doch durch die beiden Jugendschanzen, die in den 1970er-Jahren erneuert bzw. neu errichtet wurden, war die Erzgebirgsschanze immer seltener in Gebrauch. 1995 wurde sie umgebaut und 1996 ein neuer Schanzenrekord durch Michael Uhrmann (86 Meter) aufgestellt.

VERFALL UND HOFFNUNG Doch den Profil- und Sicherheitsanforderungen der neuen Zeit war sie nicht mehr gewachsen. Seit 2000 konnte sie nicht mehr genutzt werden. 2002 erteilte die FIS (der internationale Verband Fédération Internationale de Ski) kein neues Zertifikat wegen fehlender Seitenbegrenzungen im Auslauf, so die Chronik. Der Verein bemühte sich um eine Sanierung. Doch seither steht der Stahlbetonkoloss als Ruine im Schanzengelände. Auch im Sprungrichterturm scheint die Zeit stehen geblieben zu sein. Die Mini- und Jugendschanzen sind indes in Betrieb. Aktuell gibt es Pläne, den 45 Meter hohen Turm wieder als Aussichtsturm umzubauen. Auch eine Kletterwand und eine Ausstellung zur Sportgeschichte sind im Gespräch. Aufgrund der hohen Kosten ist die Maßnahme umstritten.

DAS GÄSTEHAUS Wer von der Stadt zu den Schanzen läuft oder fährt (rund 1,3 Kilometer vom Parkplatz an der Pyramide), kommt an der Auenstraße an einem großen, leer stehenden Komplex vorbei: dem ehemaligen Gästehaus am Erzgebirgskamm. Das Ge-

↑ Ob eine touristische Umnutzung gelingt, …
↗ … steht in den Sternen.

lände ist mit einem verschlossenen Zaun gesichert. Anfang des neuen Jahrtausends gab es dort noch ein Ausbildungszentrum für Podologie, Arztpraxen und Wohnungen. Jetzt gehört es dem Freistaat Bayern. Pläne eines Unternehmens für einen Solarpark haben sich zerschlagen. Unterdessen musste das Ordnungsamt Akten sichern, die noch in den Räumen lagen – und Patientendetails enthielten. Unter »Sensible Akten im ehemaligen Gästehaus« ist der Artikel auf *freiepresse.de* zu finden, der auch auf Lost-Places-Fotos eingeht.

Die Teufelssteine

Im Wald im Norden der Stadt gibt es auch ein Wanderziel mit dunkler Geschichte: Eine SMS lockt das spätere Mordopfer zu den Teufelssteinen. Erst poltern Steine, dann hallt ein Schuss zwischen den Felsen. Getroffen sinkt ein Mann zu Boden. Das Mondlicht scheint auf die Felsspitzen, der Mörder verschwindet im Dunkel … Zum Schauplatz dieses Mordes wurden die Teufelssteine bei Johanngeorgenstadt aber nur im Film. Der Erzgebirgskrimi *Der letzte Bissen* wurde 2020 unter anderem hier im Steinbachtal gedreht. Ab Minute 28 sind die markanten Felsen – einer erinnert an eine Haifischflosse – in der vierten Folge der ZDF-Krimiserie zu sehen. Die bis zu 35 Meter hohen Felswände sind normalerweise eher bei Kletterern beliebt. Zu erreichen sind sie zum Beispiel auf dem Naturlehrpfad Steinbachtal in nur rund 2 Kilometern vom Ortsteil Steinbach aus oder ebenfalls auf dem Steinbachweg von Erlabrunn in 3,5 Kilometern Entfernung.

19

DREI MERKWÜRDIGE TOTE

Die Leichensteine im Westerzgebirge

Übersehen oder als Grenzstein missdeutet: Ovale Steinplatten, Kreuze oder Quader, verwittert oder ohne Aufschrift, stehen häufiger neben Straßen und Häusern, als vielen bewusst ist. Dabei handelt es sich häufig um Mord- oder Sühnesteine.

Breitenbrunn, Sosa und Eibenstock, Erzgebirgskreis

Ort Leichenstein, Breitenbrunner Straße, 08359 Breitenbrunn **GPS** 50.472557, 12.795037

Ort Rote Grube, Rotgrubener Straße, 08309 Eibenstock **GPS** 50.475980, 12.691545

Ort Waldschänke, Frühbusser Straße, 08309 Eibenstock **GPS** 50.473967, 12.615085

Anfahrt Mit dem Auto A72 (Ausfahrt Hartenstein), S255 nach Aue, B101 nach Schwarzenberg, Karlsbader/Crandorfer/Rittersgrüner Straße, von Rittersgrün nach Breitenbrunn – über Hauptstraße/Karlsbader Straße nach Erlabrunn, Parken Am Milchbach – über Johanngeorgenstadt, Eibenstocker Straße, Wildenthal, Karlsbader Straße nach Eibenstock/Waldschänke

Raubmord: Die Aufschrift »TOD: 1760. HERREGOTT vergelts!« und ein Dolch erinnern in Eibenstock an ein Verbrechen.

ERINNERUNG AM WEGESRAND Viele Sühnesteine oder -kreuze stammen aus dem Mittelalter und der frühen Neuzeit. »Die Mehrzahl der Kreuze dürfte auf ein 400- bis 600-jähriges Alter zurückblicken«, schrieb Gustav Adolf Kuhfahl 1914 in einem Beitrag über *Die alten Steinkreuze im Königreich Sachsen*. Mehr als 240 hat er darin erfasst, die aus der Zeit vor 1750 stammen. Die Recherche gestaltete sich schwierig. Heute hat man es dank *www.suehnekreuz.de* und *www.kreuzstein.eu* viel einfacher, die besonderen Steine zu entdecken. Die Kreuze aufzustellen war oft Teil eines Sühnevertrags: Dieser verpflichtete den Täter, ein steinernes Kreuz zu setzen, um Sühne zu zeigen und etwas für das Seelenheil des Toten zu tun. Wer an dem Kreuz vorbeikam, konnte für den Verstorbenen beten. Manchmal tragen sie die Mordwaffe als Einkerbung. Um die 4000 Sühnekreuze soll es in Deutschland geben. Andere Gedenksteine wurden aufgestellt, um an den getöteten Menschen – nicht die Tat – zu erinnern. Ähnlich wie es heute die Holzkreuze tun, die nach Verkehrsunfällen am Straßenrand zu finden sind.

DER TOD IM WALD Dass die Steine Ursprung zahlreicher Legenden sind, ist ihnen eigen und hängt wahrscheinlich damit zusammen, dass sie jeden Vorbeigehenden an den Tod erinnern – ein *memento mori*, das einem allein schon die Nackenhaare aufstellen kann. Kuhfahl schreibt: »Düstere Erzählungen von Raub und Mord [...] leben im Volksmunde und umkleiden das alte Mal mit dem geheimnisvollen Schleier der Sage. Ungern geht die Landbevölkerung des Nachts am Kreuz vorüber, denn dort ist's nicht recht geheuer, und ein schwarzer Hund, eine weiße Gestalt oder ein flackerndes Irrlicht sind mehr als einmal von vertrauenswürdigen Leuten dabei gesehen worden.« Im Westerzgebirge sind drei dieser Steine erhalten geblieben, darunter ein Sühnekreuz, aber auch zwei, die auf Geschehnisse ohne Mord und Totschlag zurückgehen.

Den Ortschronisten ist das Herrichten des Leichensteins zu verdanken.

DER KOMISCHE ORT ZWISCHEN RITTERSGRÜN UND BREITENBRUNN Der Leichenstein von Breitenbrunn hat die Form einer Säule, ist kleiner als einen Meter und trägt die Aufschrift »Zum Andenken an G. L. Albrecht, 6. März 1814«. Dass es sich dabei um ein Grab handelt, ist nicht das einzige Hörensagen, das sich um den Ort im Wald zwischen Breitenbrunn und Rittersgrün rankt. Laut der Sage soll ein Grenzjäger sogenannte Pascher, also Schmuggler, auf frischer Tat ertappt haben. Er wurde von den Schmugglern ausgeraubt und erschlagen. Nun liegt er unter dem Leichenstein begraben, an der Stelle, wo der Mord passiert ist. Nachts geht es dort nicht geheuer zu: Lichter sollen auftauchen und wieder verschwinden, wenn man näherkommt, nur um dann wieder woanders aufzutauchen. Auch eine weiße Frau soll am Leichenstein gesehen worden sein. Klaus Welter, der die Geschichte für den Chronistenstammtisch Rittersgrün und das *Breitenbrunner Amtsblatt* aufgeschrieben hat, hat eine logische Erklärung für die Lichter: Das Licht der Autos reflektiert in den Augen von Tieren, die nachts in großer Zahl in dem Waldgebiet unterwegs sind. Wie aber erklärt sich das Leuchten lange vor dem Verkehr der heutigen Zeit? Durch Glühwürmchen vielleicht? Die Weiße Frau ist eine beliebte Figur, nicht nur der deutschen Sagenwelt, und auch im Erzgebirge gibt es zahlreiche Geschichten um weiß gekleidete Frauen, die in Schlössern oder an Wegen auftauchen, von denen jedoch keine Gefahr ausgeht (siehe Kapitel 12). Ein Nebelfetzen im feuchten Wald der Dämmerung kann schnell wie ein weißes Kleid im Wind aussehen.

ANDENKEN AN DEN REVIERFÖRSTER In Wirklichkeit war der Verstorbene kein Grenzjäger, sondern Förster. Gottlob Lebrecht Albrecht war für das Revier zwischen Breitenbrunn und Rittersgrün zuständig und war zu Fuß unterwegs im Wald. Bei einem anstrengenden Aufstieg erlitt er einen Gehirnschlag, an dem er verstarb. Beerdigt wurde er auf dem Friedhof in Rittersgrün, der Stein im Wald soll lediglich sein Gedenken aufrechterhalten. Dafür hat 2012 der Chronistenstammtisch gesorgt, der die zugewachsene Säule freigelegt, die in den Granit gemeißelte Inschrift erneuert und einen Zaun um das Denkmal gesetzt hat. Nun ist der Leichenstein an der Straße nach Rittersgrün am Hirschsprungweg wieder gut sichtbar.

DAS MÄDCHEN VON SOSA An ein tragisches Unglück erinnert dieser Stein am Naturdenkmal und ehemaligen Bergwerk »Rote Grube« bei Sosa. Die krumme, kaum leserliche Inschrift enthält drei Kreuze und die Jahreszahl 1788 sowie »Alhier«. Die Granitplatte scheint beschädigt zu sein und nicht die ganze Geschichte zu erzählen. Das Schild daneben verrät, dass an dieser Stelle ein 17-jähriges Mädchen ums Leben kam. Sophie Karoline Teubner sei am 23. Dezember 1788 auf dem Weg von Eibenstock nach Sosa gewesen, als sie sich verirrte und im Schnee erfror. Erst mehr als einen Monat später wurde sie von den Bergleuten der Roten Grube entdeckt. Eigentlich sind es nur rund 5 Kilometer zwischen Eibenstock und Sosa, wenn man geradewegs durch den Wald läuft. Aber Sophie muss – ohne GPS und Handy – komplett die Orientierung verloren haben. Vielleicht blind vom Schneetreiben ist sie 4 Kilometer südlich von Sosa, ganze 10 Kilometer von Eibenstock entfernt, gelandet. Wie auch immer es dazu gekommen ist, es bleibt eine Tragödie – ausgerechnet am Vorweihnachtstag.

DAS SCHICKSAL DES FUHRMANNS IN EIBENSTOCK Ein klassisches Sühnekreuz findet sich im Wald bei Eibenstock, 200 Meter südlich der ehemaligen Waldschänke an der Frühbusser Straße, die heute nur noch ein Forst- und Wanderweg ist. Es geht zurück auf einen Überfall an der damaligen Handelsroute, der sich am 4. April 1760 ereignet haben soll. Das Opfer war ein Landfuhrmann aus Hundshübel namens Gottlieb Mühlmann, der laut Schild an der Straße ausgeraubt und erschlagen wurde. Das Kreuz zeigt jedoch einen eingeritzten Dolch. Die obere Inschrift lautet: »Am Mor Steg Tod: 1760. Herregott vergelts!« Darunter hat der Steinmetz, der den Stein 1900 fand und restaurierte, sein Kürzel hinterlassen. Der

↑ Kaum leserlich ist die Inschrift für das verunglückte Mädchen.
↗ Das Schicksal schlug am Vorweihnachtstag zu.

Überlieferung zufolge hatte der Fuhrmann Korn nach Carlsfeld (keine 10 Kilometer von Eibenstock entfernt) gebracht und war mit der Bezahlung – 8 Taler – auf dem Rückweg, als er überfallen wurde. Sechs weitere Steine finden sich in den nach wie vor großen Waldgebieten bei Eibenstock, großteils zum Gedenken an verstorbene Förster und Jäger, aber auch ein weiterer Mordstein.

Die Rote Grube

Gegenüber des Sosaer Leichensteins führt ein kurzer Pfad hinauf zur Roten Grube oder auch Roten Binge. Die Rote Grube war ein sogenanntes Einöd-Bergwerk, das abseits der Bergstädte über viele hundert Jahre betrieben wurde. Bereits 1584 gab es ein Zechenhaus an der Roten Grube und bis ins 19. Jahrhundert wurden dort Zinn, Hämatit und Manganerz abgebaut. Heute künden zwei bis zu 20 Meter tiefe Pingen (siehe Kapitel 30) vom einstigen Bergbau. Ein Pfad führt ringsum. Zum Leichenstein und zur Binge gelangt man beispielsweise von Erlabrunn über den Milchbachweg und die Rotgrubener Straße. Auf 2 Kilometern sind dabei 170 Höhenmeter zu bewältigen. Dafür führt der Weg erst parallel zu einem rauschenden Bach durch den Wald und dann an Wiesen vorbei, die unter Naturschutz stehen – eine angenehme Route. Das ehemalige Naturfreundehaus Rote Grube am Ziel, das anstelle des ursprünglichen Bergmannshauses steht, wird nun übrigens privat geführt und vermietet. Wer von den Bergwiesen hier oben nicht genug bekommt, kann übernachten und findet zahlreiche Wandermöglichkeiten in der Umgebung.

Manchmal erzählt selbst das Pflaster unter den Füßen eine Geschichte – nur welche?

20

DER UNGLÜCKLICHE DACHDECKER

Sagen der Sankt-Annenkirche in Annaberg

Von Menschen, die aufs Pflaster stürzen und dem Stadtbrand zum Opfer fallen, erzählen alte Legenden. Was wirklich in der Bergstadt geschah, stellt sich wie meistens etwas anders dar.

Annaberg-Buchholz, Erzgebirgskreis **Ort** St.-Annenkirche, Große Kirchgasse 21, 09456 Annaberg-Buchholz **GPS** 50.578502, 13.004806 **Anfahrt** Mit dem Auto B95 nach Annaberg, nach dem Stadion rechts, Parkplatz an der Festhalle oberhalb der Altstadt oder Bus 210 von Chemnitz nach Annaberg Busbhf.

EIN UNSCHEINBARES DETAIL Wem es beim Warten auf den Bus oder im Vorübergehen überhaupt auffällt, der hält es vermutlich für eine Spielerei der Pflasterer, für ein Muster zur Zierde. Am unteren Kirchplatz nahe der Bushaltestelle befindet sich ein rotes Steinkreuz in einem dunkelgrauen Kreis im sonst üblichen Pflaster. Wer der Oberen Kirchgasse bis zur Annenkirche folgt, erfährt dort auf einem Schild den sagenhaften Hintergrund des Kreuzes.

EINE UNGLAUBLICHE GESCHICHTE Eines Tages wurde ein Chorknabe vom Wind vom Aussichtsturm herabgeweht. Aber er hatte Glück im Unglück: Sein Chormantel entfaltete sich wie ein Fallschirm und er landete unbeschadet auf der Gasse. Ein Dachdecker, früher als Schieferdecker bezeichnet, beobachtete den Vorfall und wollte es selbst ausprobieren. Er zog also einen Mantel an und sprang vom Turm. Doch sein Mantel verhedderte sich und er stürzte kopfüber aufs Pflaster. Wo er den Tod fand, wurde die Stelle zum Andenken markiert. Festgehalten wurde die Geschichte von Widar Ziehnert in Band drei von *Sachsens Volkssagen*, die 1839 in Annaberg veröffentlicht wurden. Er schreibt allerdings von einem roten Stein, keinem Kreuz.

EINE ANDERE THEORIE Merkwürdig ist, dass zwischen dem Turm und der markierten Stelle rund 50 Meter liegen – was im Fall des vom Wind getragenen Jünglings gerade noch nachvollziehbar, im Fall des Gestürzten aber unmöglich scheint. Als »reine Dichtung« ordnete Hermann Lange die Geschichte Zienerts ein. Lange war Lehrer, Schulleiter und Heimatforscher in Annaberg und beschäftigte sich 1955 in der Zeitschrift *Kultur und Heimat* mit dem Denkmal. Ihm zufolge ersetzte das gepflasterte Kreuz 1908 einen roten Stein. Er zieht eine Verbindung zum historischen Nutzen des Platzes: Dort befand sich nämlich der erste Friedhof der Stadt. An der Friedhofsmauer wurde 1529 an einem Pfeiler in der Mitte, also an der Stelle des Gedenksteins, ein Pranger mit Halseisen befestigt. Bis zum Ende des 17. Jahrhunderts sollen Menschen wegen verschiedener Vergehen dort angekettet worden sein. Es stimmt – dort befand sich der Pranger, gibt auch die Kirchgemeinde auf Nachfrage Auskunft. Unwahrscheinlich sei bereits, dass ein Kurrende-Kind auf dem Turm gewesen sei, denn der Zugang war früher eine gefährliche Angelegenheit. In der Nähe der Sakristei gibt es zwar auch eine Dachdeckerskulptur, aber der Hintergrund dafür sei wahrscheinlich ein Dank an die geschickten Erbauer der Kirche, kein Denkmal für einen Verstorbenen.

ÜBER DEN TOD HINAUS VEREINT Einen wahren Hintergrund hat eine andere Sage, die in die Geschichte der Annenkirche eingegangen ist: Am 27. April 1604 wurden beim Stadtbrand viele Häuser zerstört und Menschen getötet. Darunter waren auch die Geschwister Johann und Blandina Biener, Kinder eines ehemaligen Senators der Stadt.

In 32 Metern Höhe gibt es eine Aussichtsplattform am Turm der Annenkirche.

Johann soll »an Wahnsinn gelitten« haben und deswegen an die Wand gefesselt gewesen sein, als das Feuer ausbrach. Seine Schwester konnte die Fesseln nicht lösen und blieb bei ihm, statt davonzulaufen – selbst als das Feuer das Haus erfasste. Schließlich stürzte das Dach ein und begrub »die Geschwister in seinen Trümmern; als man aber nach einigen Tagen den Schutt wegräumte, fand man die halbverkohlten Leiber derselben in gegenseitiger Umarmung verkettet und trug sie so in die Annenkirche, wo sie am 13. Mai in einem und demselben Grabe, das man heute noch sehen kann, beigesetzt wurden«.

MEHR ALS EIN GRAB Die traurige Geschichte wurde im *Sagenschatz des Königreichs Sachsen*, Band 1, veröffentlicht, geht aber auf eine Aufzeichnung von 1604 zurück: den Bericht von Paul Jenisch. Er wurde auf Latein verfasst und trägt den Titel *In subitaneam & luctuosam Annaebergae Deflagrationem* (sinngemäß: Vom plötzlichen und traurigen Niederbrennen Annabergs). Dass der erste große Stadtbrand 1604 stattfand, ist verbürgt. Sichtbar – wie die Sage behauptet – ist das Grab heute nicht mehr, aber es existiert. Vermutet wird es in der Nähe der Kanzel unter dem Fußboden, erklärt die Gemeinde. Allerdings waren die Geschwister keine Kinder mehr, als das Unglück geschah. Der Bruder soll krank oder behindert gewesen sein und die Schwester habe versucht ihn zu retten – konnte aber den Schlüssel nicht finden. Stellvertretend für alle Opfer des Stadtbrands seien sie schließlich in der Kirche bestattet worden. Neben ihnen unter dem Kirchenboden liegen noch um die 100 weitere Gräber. Auch namhafte Annaberger wie Oberbergmeister Markus Röhling bekamen eine Erdbestattung in der Kirche – er soll in der Nähe des Bergaltars liegen, so die Gemeinde. Auch zu diesen Themen könne man gelegentlich bei Kirchenführungen mehr erfahren.

DER SCHWARZE PFLASTERSTEIN Eine ganz ähnliche Markierung wie auf dem Kirchplatz gibt es auf dem Freiberger Obermarkt. Dort wurde ein schwarzer Pflasterstein eingelassen und ist bis heute sichtbar. Er geht zurück auf die Hinrichtung des Kunz von Kauffungen. Dieser hatte 1455 die sächsischen Prinzen entführt, um ein Lösegeld zu erpressen (siehe Kapitel 12), und wurde dafür nach seiner Gefangennahme mit dem Tod bestraft. Die Stelle, an die sein Kopf nach der Hinrichtung gerollt sein soll, wurde mit dem Pflasterstein gekennzeichnet, der im Volksmund auch als Spuckstein bekannt ist. Vom Rathauserker schaut ein schreiender, steinerner Kopf, der Kunz von Kauffungen darstellen soll und auch als

Eine beeindruckende Wirkung hat das Eingangsportal. Im Inneren, unter dem Boden, liegen zahlreiche Annaberger begraben.

Gaffkopf bezeichnet wird, auf die Stelle hinab. Der Erker wurde laut dem Amt für Denkmalpflege 1587 an das gut hundert Jahre ältere Rathaus angebaut, worauf auch die lateinischen Ziffern rings um den Kopf hinweisen. Wann der Pflasterstein gesetzt wurde, ist unklar.

In und auf der Kirche

Die gotische Sankt-Annenkirche ist ähnlich wie die Schneeberger Sankt-Wolfgangs-Kirche ein imposantes Bauwerk, das die Stadt überragt und von weithin im Erzgebirge gesehen werden kann. Sie wurde von Herzog Georg dem Bärtigen aus Dankbarkeit über die reichen Silberfunde kurz nach der Gründung der Stadt gestiftet und von 1499 bis 1525 erbaut. Wirkt sie von außen mit ihren dicken, steinernen Mauern wie eine Festung, so überrascht sie im Inneren mit hellen Farben, Blumen und Schnörkeln. Dort findet sich auch eine Figur der heiligen Anna, Mutter von Maria und Schutzherrin der Bergleute. Ganzer Stolz der Kirche ist der geschnitzte Bergaltar. Sie ist in der Regel täglich geöffnet. Der Turm ist 78,6 Meter hoch, seit 500 Jahren bewohnt und kann von Mai bis Oktober sowie an den Adventswochenenden bestiegen werden. Die Aussichtsplattform befindet sich auf rund 32 Metern Höhe und bietet schöne Blicke übers Erzgebirge (Infos: www.annenkirche.de).

21

DIE RÄTSELSTEINE IM WALD

Am Buchholzer Richtplatz

Dank engagierter Pfadfinder nicht mehr unter Moos und Nadeln versteckt, stehen zwei kleine Felsen auf einem Berg bei Buchholz. Zahlen und Buchstaben sind darauf deutlich zu erkennen, ihre Bedeutung auf den ersten Blick nicht.

Annaberg-Buchholz, Erzgebirgskreis, Sachsen **Ort** Nähe Fischerweg/Bergbaulehrpfad, 09456 Annaberg-Buchholz **GPS** 50.561434031164204, 12.984886690672582 **Anfahrt** Mit der Bahn bis Annaberg-Buchholz Süd (RB80 von Chemnitz) oder mit dem Auto über B95/101 bis Waldstraße/Annaberg-Buchholz, links zum Parkplatz Walthersdorfer Weg

Nur wenn die Oberseite von Erde und Moos befreit ist, gibt dieser Felsen im Buchholzer Wald sein Geheimnis preis.

1549, 1555 – die Jahreszahlen und auch Buchstaben sind gut zu erkennen, ihre Bedeutung nicht.

UNGEWÖHNLICHE NACHBARSCHAFT Wer heute am Waldrand bei Buchholz spazieren geht, kann einen herrlichen Ausblick genießen: auf Annaberg-Buchholz mit der markanten Annenkirche (siehe Kapitel 20), auf den Pöhlberg und die anderen Berge sowie am rechten Rand des Feldes auf die vielleicht nicht schönen, aber interessanten Kegelhalden, Zeugen des Uranerzbaus im Schacht 116. Das nächstgelegene Wohngebiet trägt den Namen »Heiterer Blick«. Nur ein Straßenname in der Kleingartensiedlung nebenan weist darauf hin, dass der Ausblick einst ein anderer gewesen ist: Am Galgenberg.

EINE GRAUSAME BEGRÜSSUNG Ein wenig oberhalb des Waldrands befindet sich die höchste Stelle des Berges. 1529 soll dort der erste Galgen von Buchholz errichtet worden sein. Ringsum wurde der Wald, der heute wieder hochgewachsen ist, gerodet, damit der Galgenberg von allen Seiten sichtbar war. Wer nach Buchholz kam, sah also bereits zur Abschreckung die Toten am Galgen baumeln. In den *Erzgebirgischen Heimatblättern*, einer Zeitungsbeilage, für die vorwiegend Friedrich und Siegfried Seidel aus Buchholz verantwortlich zeichneten, hieß es in einem Bericht zum 425-jährigen Jubiläum der Stadt, Buchholz habe 1512 die Gewalt über Leben und Tod von den Landesfürsten verliehen bekommen. 1519 sei bereits ein »Silberbrenner« gehängt worden, der Silber gefälscht und nach Böhmen verkauft hatte, sowie 1590 eine »Sünderin«, die vermutlich ihr Kind getötet hat.

IN DER KUNST VEREWIGT Aus dem benachbarten Annaberg – damals waren Buchholz und Annaberg noch separate Städte – gibt es sogar eine Sage zum Galgen, der dort 1512 errichtet worden sein soll. Demnach habe ein Fremder namens Klingesporn den Bau des Galgens kommentiert mit den Worten, er wisse gern, wer der erste Klöppel in

Früher ein Ort zur Abschreckung und zum Gruseln, heute kann man auf dem Galgenberg Rast machen.

dieser großen Glocke, also an dem Galgen, sein werde. Die Ironie der Geschichte: Klingesporn selbst wurde bei einem bedeutenden Diebstahl erwischt und »durch wunderbare Fügung war er der erste, der den neuerbauten Galgen zierte, was man damals als Gottes gerechte Strafe für seinen frevelhaften Spott betrachtete«, so wird es im *Sagenschatz des Königreichs Sachsen* erzählt. Der Buchholzer Galgenberg soll indes Eingang gefunden haben in das Gemälde, das die Rückwand des Bergaltars in der Annenkirche ziert.

CODE AUS DEM SPÄTMITTELALTER Der Galgen ist nicht mehr erhalten, aber eine Erinnerung an diese Zeit und den Richtplatz von Buchholz ist buchstäblich in Stein gemeißelt. Links und rechts vom Pfad, der über den Galgenberg führt, liegen die sogenannten Galgensteine. Zwei Felsen, in die deutlich und groß Ziffern und Buchstaben eingeritzt wurden. So ist die Jahreszahl 1549 deutlich zu lesen, darüber steht »FRR«. Einen Sinn in den Wirrwarr zu bringen, scheint auf den ersten Blick nicht leicht. Laut offizieller Deutungen wurden damit im 15. und 16. Jahrhundert Umbauten an der Richtstätte, also etwa der Wiederaufbau des Galgens sowie der zuständige Richter, festgehalten. Dass die Galgensteine wieder sichtbar und ins Bewusstsein gerückt sind, ist den Pfad-Findern von Buchholz zu verdanken, die sie freigelegt und die Einkerbungen nachgezeichnet haben. Seit 2019 gehört der Richtplatz nun als Teil der Bergbaulandschaft Buchholz zur Welterbestätte Montanregion Erzgebirge/Krušné hory.

Wandern durch den Buchholzer Wald

Vom Waldrand hat man einen tollen Blick auf die Altstadt von Annaberg.

Neben den Kegelhalden am Feldrand gehört der Buchholzer Wald zur Welterbestätte, da man dort Zeugnisse des Bergbaus verschiedener Zeiten und Rohstoffe findet: nämlich Zinn (Mittelalter bis 19. Jh.) und Uran (20. Jh.). Am Bergbaulehrpfad, der parallel zum Pfad über den Galgenberg verläuft, trifft man auf die Pingen und Halden der »Alten Thiele«, eine der ältesten Gruben der Annaberger Region. Zunächst wurde das Zinn oberflächennah abgebaut, sogenannte Zinnseifen, bevor die Erzgänge in die Tiefe verfolgt wurden. Das Ergebnis sind Raithalden: unregelmäßige, meist bewachsene, einige Meter hohe Halden. Eine bis zu 15 Meter tiefe Pinge liegt weiter unten Richtung Walthersdorfer Weg. Weiter bergab gelangt man in die Buchholzer Waldanlagen, die einst für die Touristen des 19. Jahrhunderts zum Flanieren parkähnlich angelegt wurden. Die Pfad-Finder, eine Gruppe engagierter Buchholzer, haben dort viele Denkmäler, Plätze und Aussichtspunkte restauriert und historische Plätze mit Schildern versehen. Ein beliebtes Fotomotiv ist das »Türmel«, von dem man einen tollen Blick auf Annaberg und den Pöhlberg hat.

Die tiefen Pingen der Grube »Alte Thiele« sind zur Sicherheit abgesperrt. In Buchholz wurden Zinn und Uran abgebaut.

Über bemooste Treppen geht es Schritt für Schritt auf das einstige Grabmal. Der marmorverzierte Aufbau wurde zerstört.

22

RUHESTÖRUNG

Das zerstörte Mausoleum von Wiesenbad

Nein, Tote liegen hier keine mehr. Ihre Gebeine wurden auf den Friedhof geschafft, bevor man das Grabmal abbaute. Die Fundamente und mehr sind geblieben – im Umfeld eines einsamen Schlosses.

Thermalbad Wiesenbad, Erzgebirgskreis, Sachsen **Ort** Kapelle und Mausoleum, Eisenbergstraße, 09488 Thermalbad Wiesenbad **GPS** 50.622365, 13.064074 **Anfahrt** Mit der Erzgebirgsbahn bis Haltestelle Thermalbad Wiesenbad oder mit dem Auto über B101 bis Thermalbad Wiesenbad, Parkplatz OT Himmelmühle

EINE RUINE FÜR DIE ROMANTIK Mindestens 400 Jahre lang gab es ein Rittergut oberhalb des Zschopautals bei Streckewalde. Nach vielen Besitzerwechseln scheint es nicht mehr in allzu gutem Zustand gewesen zu sein, denn Friedrich Adolph Schumann schrieb bereits 1824 im *Staats-, Post- und Zeitungs-Lexikon von Sachsen*: »Beim Rittergut ist kein Herrschaftsgebäude«. 1898 erwarb Arthur Schmidt das Rittergut – und ließ es abbrechen, bis auf einen Burgturm, den er in eine künstliche Ruine integrierte. Schmidt hatte den Ehrentitel eines Kommerzienrates verliehen bekommen, was erst nach erheblichen Stiftungen ans Gemeinwohl möglich war. Mit anderen Worten: Er konnte es sich leisten, sich bei Streckewalde ein eigenes Schloss – genaugenommen eine Villa – bauen zu lassen.

EINE VILLA FÜR WENDULA Zwischen 1908 und 1910 entstand das prunkvolle Wohnhaus, das das Landesamt für Denkmalschutz zwischen Neobarock und Reformstil einordnet – andere sprechen von Jugendstil. In den folgenden Jahrzehnten ließ Arthur Schmidt Bedienstetenwohnhäuser im Fachwerkstil bauen, einen Waldpark anlegen und darin 1922 ein Mausoleum errichten, das sowohl als Familiengedächtnis als auch als Hochzeitskapelle dienen sollte und reich verziert gewesen sein soll. Das ebenfalls dazugehörende Gestüt im Tal unterhalb der Villa führte ab 1930 seine Tochter mit ihrem Ehemann, die schließlich nach Schmidts Tod 1932 auch zur Erbin der Villa wurde, die ab 1935 angelehnt an ihren Namen Hohenwendel genannt wurde. Nun hatte Wendula nicht irgendeinen Pferdenarren geheiratet, sondern den Nazi Otto Wagener. Die Vermählung soll im Mausoleum stattgefunden haben. Wagener war laut Bundesarchiv bereits seit 1923 Mitglied der SA und ab 1929 der NSDAP, für die er bis 1938 im Reichstag saß. Als Wirtschaftsexperte gehörte er zum Stab Hitlers, verfasste das Wirtschaftsprogramm der Partei. Ab 1940 ging er in den Kriegsdienst als Offizier und wurde zum Kommandanten der Ost-Ägäis. 1948 wurde er wegen der Erschießung italienischer Kriegsgefangener zu 15 Jahren Haft verurteilt, aber 1951 nach einer Intervention Konrad Adenauers entlassen.

ZERSTÖRUNG UND VERFALL Es ist also denkbar, dass auch seine Person einen Grund dafür darstellte, dass das Mausoleum in den Nachkriegsjahren ausgeplündert und seiner Marmor-Deko beraubt wurde. Die Besitzer wurden enteignet und das Schloss wurde in Folge von verschiedenen DDR-Organisationen genutzt, unter anderem als Parteischule, Pionierleiterschule und schließlich bis zur Wende als Erholungsheim des Zentralrats der FDJ. Auch dieser hatten wenig Verwendung und Verständnis für das Mausoleum und ließ es in den 1960er-Jahren bis auf die Fundamente abtragen. Die Toten wurden auf den Friedhof nach Streckewalde umgebettet. Seit-

Die Sonne scheint durch den Eingang. Von der Fabrik ist kaum etwas übrig.

her erinnern die Stahlbetonwände eher an einen Bunker, der langsam einbricht und von der Natur zurückerobert wird, wäre da nicht die Aufschrift »PAX« – Frieden.

NEUE FARBE FÜR DIE VILLA Nach 1990 soll Hohenwendel, inzwischen zu Wiesenbad gehörend, nur noch kurzzeitig in Benutzung gewesen sein und seither – trotz Besitzerwechsel – leer stehen. 2015 war das Schloss samt großem Grundstück, aber offenbar ohne das Mausoleum, zur Auktion freigegeben: Für ein Mindestgebot von 80 000 Euro bot die Sächsische Grundstücksauktionen AG das Objekt in »insgesamt sanierungswürdigem Zustand« an, mit undichten Stellen im Dach und verwildertem Park. Tatsächlich fand Hohenwendel einen neuen Eigentümer. Seither hat sich sichtlich etwas getan: Dach und Fassade strahlen wieder – bis hinüber zur B101 auf der anderen Talseite – und auch neue Fenster wurden eingebaut. Im Inneren sollen manche noch vorhandenen Zierelemente wie Wandvertäfelungen aufwendig restauriert worden sein. Ein Hotel mit Wellnessbereich sollte es werden. Zum nahen Thermalbad Wiesenbad hätte das gut gepasst. Nun sieht es aber so aus, als könnte sich das Blatt erneut wenden: In einem Immobilienportal stand Schloss Hohenwendel wieder zum Verkauf – für beinahe 2 Millionen Euro. Vielleicht hat dieses schöne Schloss einfach kein Glück mit seinen Besitzern?

HIMMELMÜHLE Der heutige Wiesenbader Ortsteil Himmelmühle war zunächst ein Mühlenstandort und ab dem 19. Jahrhundert eine Siedlung, die sogar eine eigene Schule hatte sowie eine Spinnerei an der Zschopau mit Fabriken, Wolllager und anderen Nebengebäuden. Die Wohnhäuser werden auch heute noch genutzt, aber die anderen Gebäude hatten einen anderen Werdegang. Seit den 1920er-Jahren wurden erst Kakao und Schokolade in Himmelmühle hergestellt,

Himmelmühle im Zschopautal ist der Ausgangspunkt für eine Wanderung nach Hohenwendel und lag selbst lange im Vergessenen.

Was vom Rittergut bei Streckewalde übrig blieb, wurde in eine romantische, künstliche Ruinenlandschaft integriert.

dann befand sich bis 1963 ein Frauengefängnis darin und schließlich ein Lager von DKK Scharfenstein. Nach der Wende standen die Produktionsgebäude lange leer – zu lange für die Bausubstanz. Nur die Fassade im Erdgeschoss der Fabrik und das Eingangstor mit dem Buntglasfenster wurden nach dem Teilabriss 2019 erhalten. Auch das einstige Herrenhaus war bereits aufgegeben, doch seit wenigen Jahren hat es eine neue Besitzerin, die es sanieren und darin eine Kunst- und Begegnungsstätte eröffnen will.

Wanderung von Himmelmühle nach Hohenwendel

Es bietet sich an, Hohenwendel zu Fuß von Himmelmühle aus zu erkunden, da das ehemalige Waldparkgelände am anderen Ufer bereits auf selber Höhe beginnt. Zwischen den Fachwerkhäusern hindurch gelangt man zur Brücke über die Zschopau und muss umsichtig den Bahndamm queren. Vorbei am Bahnwärterhaus (mit unklarem Status) steigt der nun schmale Waldweg an und verläuft schließlich parallel zum Fluss. An der ersten Kreuzung links und gleich wieder rechts abbiegend, gelangt man ins Parkgelände unterhalb des Mausoleums. Viele der alten Wege sind zugewachsen und unter Laub nur zu erahnen, es führen aber Pfade hoch. Vom Mausoleum kann man über den Fahrweg vorbei an einigen Kleingärten und Wohnhäusern (den ehemaligen Bedienstetenhäusern) zum Schloss gehen. Links davon führt eine schiefe, etwas marode Treppe hoch zur Ruine, die selbst nicht betreten werden darf. Die Eisenbergstraße geht es anschließend runter und dann rechts am ehemaligen Gestüt und heutigen Reitverein vorbei. Geradeaus in den Wald schließt sich auf dem Waldweg am Fluss die Runde. Für die einfache, rund 4 Kilometer lange Tour sollte man aufgrund der 130 Höhenmeter und vielen Fotogelegenheiten ruhig 2 Stunden einplanen.

23

TIEF IM WALD

Die verschwundenen Dörfer im Bornwald

Vor über 100 Jahren wurden die meisten Gebäude abgerissen, als der Wald zum Trinkwassereinzugsgebiet für die beiden Talsperren erklärt wurde. Spuren findet man noch.

OT Krumhermersdorf, Zschopau, Erzgebirgskreis, Sachsen **Ort** Bornwaldschänke, Bornwaldstraße 18, 09434 Zschopau **GPS Häuser** 50.7238574638945, 13.1328272850314 **GPS Mühle** 50.725430, 13.143207 **Anfahrt** Mit Zug oder Bus nach Zschopau, dann vom Busbhf. mit der Linie 237 bis Krumhermersdorf Oberer Ortsteil oder mit dem Auto über B174 bis Abzweig Börnichen, Parkplatz am Waldrand

Man muss schon aufmerksam suchen, um die steinernen Überreste der Bornwaldhäuser im Gestrüpp abseits der Wege zu finden.

DIE BORNWALDHÄUSER Wo schon viele Jahrhunderte lang ein großes Waldgebiet liegt, eingerahmt von Krumhermersdorf, Börnichen, Wünschendorf, Lengefeld, Lauta, der B174 und Großolbersdorf, gab es früher auch Siedlungen, zahlreiche Mühlen an den Bächen und auch eine Fabrik – mitten im Wald. Die Bornwaldhäuser, wie sie auf einer Karte von 1912 bezeichnet werden, lagen am Schwarzbach im nördlichen Teil des Waldes. Die Karte zeigt sechs Gebäude, zwei am Bach und vier etwas oberhalb an kleinen Teichen. Auf einer Karte von 1821 sind an der Stelle bereits »Richters Mühle« und eine Spinnerei eingezeichnet, deren Bau ein Jahr zuvor begonnen hatte. 1831 sponnen darin 2778 Spindeln die Baumwolle, wie das *Handbuch der Geographie, Statistik und Topographie des Königreichs Sachsen* 1839 erwähnt. Die Mühle wurde vom Wasser aus dem künstlich angelegten Schwarzen Teich angetrieben, der heute noch ein beliebtes Wanderziel ist. Wohnhäuser entstanden in ihrer Nähe.

ORT OHNE ZUKUNFT Die neue Siedlung war allerdings nicht von Glück beschenkt: Erst brannte 1830 die Mühle (mitunter auch Winklermühle genannt) und musste wieder aufgebaut werden, dann 1842 die Spinnerei, wie die Ortschronik berichtet, und schließlich 1854 noch einmal die Mühle. Im 20. Jahrhundert war es dann ganz vorbei mit Siedlungen im Bornwald: Sämtliche Grundstücke und Gebäude wurden ab 1904 der Stadt Chemnitz verkauft, die eine Trinkwassertalsperre zur Versorgung der Stadt errichten wollte, weshalb der Wald zum Trinkwasserschutzgebiet erklärt wurde (siehe unten). Vor rund hundert Jahren wurden die letzten Bornwaldhäuser abgerissen.

UNTER MOOS UND GRÄSERN Aber nicht alle Zeichen der einstigen Besiedlung sind verschwunden: Am Ufer des Schwarzbachs und auf einer ehemaligen, wieder zugewachsenen Lichtung daneben hält der Boden noch ein paar Überraschungen bereit: Wer es nicht weiß, geht auf den Wegen achtlos an der einstigen Siedlung vorüber. Auffällig ist nur die lange Mauer am Ufer des Baches. Was Abriss und Zeit noch überdauert hat – vor allem Steinbogen und ein Gewölbekeller –, liegt versteckt auf einer Wiese dahinter, dick von Moosen, Farnen und Gräsern bewachsen. Ein malerischer Anblick wie von einer untergegangenen Zivilisation ... Wie immer und in diesem Fall ganz besonders gilt: Eine nähere Betrachtung der Ruinen geschieht auf eigene Gefahr. Vor allem, wenn sie im Sommer zugewachsen sind, sind nicht alle Einbrüche und Stolperfallen sichtbar. Auch zur Stabilität der Kellerdecke kann keine Aussage getroffen werden. Orte wie dieser sind etwas Besonderes – sorgen wir als umsichtige Besucher dafür, dass es so bleibt.

Es fehlt bloß eine Tür und etwas Fantasie und schon ist es eine Hobbithöhle.

DIE »SAU-GLOCKEN« Der Bornwald hält auch noch so manches Geheimnis zurück. So konnten bislang keine Funde gemacht werden, die zum verschwundenen Berthelsdorf gehören. Das Dorf wurde laut Historischem Ortsverzeichnis von Sachsen 1369 erstmals urkundlich erwähnt. Wann und warum es zur Wüstung geworden ist, ist nicht bekannt – wohl aber, dass Mitte des 15. Jahrhunderts in Schriftstücken nur noch vom Berthelsdorfer Wald die Rede ist. Hartnäckiger hält sich die Sage, dass eine Glocke vom Berthelsdorfer Kirchhof von Schweinen aus dem Boden gewühlt und vom Schweinehirten nach Krumhermersdorf gebracht worden sein soll, wo sie heute noch in der Kirche hängen soll – die Sau-Glocke. Zufälligerweise erzählt man sich über den Röthenbacher Wald (siehe Kapitel 26) eine ähnliche Geschichte: Auch dort soll ein Dorf samt Kirche existiert haben, das verschwunden ist und eine Glocke hinterließ, nur dass Wildstatt Hausschweine sie ausgebuddelt haben. Sau-Glocke wird außerdem eine Glocke im bayerischen Wiedenzhausen genannt, die allerdings später – im Dreißigjährigen Krieg – verbuddelt und von Schweinen eines Hirten wieder ausgegraben wurde. Zufall – oder eine Geschichte der Finder, um das Versteck nicht preisgeben zu müssen?

DIE ALTE BRÜCKE AN DER MÜHLE Ebenfalls am Schwarzbach, aber rund einen Kilometer östlich, trifft man auf weitere alte Steinmauern und eine alte Steinbrücke, die heute nicht mehr gebraucht wird, aber an der man noch erahnen kann, wo einst etwas befestigt war, ein Mühlenrad oder vielleicht eine Stauvorrichtung. Es handelt sich um die Überreste der ehemaligen Findeisen-Mühle, manchmal auch Berthelsdorfer Mühle genannt. Denn an dieser Stelle soll es bereits zu Zeiten, als das Dorf noch existierte, eine Mühle gegeben haben. Als Wiese hat dann 1866 – also Jahrhunderte später – ein Kistenmacher das Grundstück gekauft, um darauf eine Sägemühle zu bauen. Sein Sohn verkaufte sie 1893 weiter an den Crottendorfer Karl David Findeisen, daher der Name.

Sogar ein Gewölbekeller, rund 200 Jahre alt, versteckt sich unter dem Waldboden.

Doch die Mühle ereilte das gleiche Schicksal wie die Bornwaldhäuser: Abriss zugunsten der Talsperre. An ihrer Stelle entstand ein Stauteich, aus dem Wasser in die Talsperre gepumpt wurde, verrät ein Schild vor Ort – aber 1945 wurde das Pumpwerk bei Luftangriffen beschädigt und abgerissen.

Wo das Trinkwasser herkommt

Fast der gesamte Bornwald ist ein Trinkwasserschutzgebiet. Gleich zwei Trinkwassertalsperren – weil eine nicht ausgereicht hat –

wurden zur Versorgung der damals stark wachsenden Stadt Chemnitz und Umgebung in der Nähe von Wünschendorf und Lengefeld angelegt. Die kleinere, Neunzenhain 1, wurde 1908 in Betrieb genommen. Ihre Staumauer ist 18 Meter hoch, 150 Meter lang und staut den Lautenbach an. Sie hat ein Fassungsvermögen von einer halben Million Kubikmetern. Die größere, Neunzenhain 2, ging bereits 1914 in Betrieb. Ihre beeindruckende, denkmalgeschützte Staumauer ist 33 Meter hoch und die begehbare Mauerkrone 280 Meter lang. Das Wasser aus dem fast 3 Millionen Kubikmeter fassenden Stausee gilt als besonders rein. Beide Talsperren sind eingezäunt, aber man kann sie zu Fuß oder mit dem Rad umrunden und findet unzählige Wege, geschnitzte Figuren und liebevoll gestaltete Picknickplätze im Wald, zum Beispiel am Lautenbachzufluss an Neunzenhain 1 oder den Anton-Günther-Platz in der Nähe des Wanderparkplatzes an der Börnichener Straße. Zur Stärkung vorher oder nachher empfiehlt sich die Einkehr in der Bornwaldschänke (traditionelle Küche) oder im Waldhof bei Börnichen (traditionelle, aber auch vegane und vegetarische Gerichte).

Grusel auf dem Kirchhof: Der Totenschädel ziert das Grabmal eines Diakons. Er starb 19 Jahre nach der Frau aus der Sage.

24

DAS KIND IM GRAB

Unterwegs in der Sagenwelt Olbernhaus

Dieses Kapitel braucht eine Triggerwarnung, denn es behandelt eine der traurigsten und grausamsten Sagen des Erzgebirges. Beim Spielzeugland geht es mit einem modernen Lost Place harmloser weiter.

Olbernhau, Erzgebirgskreis, Sachsen **Ort** Stadtkirche, Markt 9, 09526 Olbernhau **GPS** 50.66134489941715, 13.335003379799613 **Ort** Vero, Brettmühlenweg 5, 09526 Olbernhau **GPS** 50.658656, 13.344979 **Anfahrt** Mit der Bahn bis Bahnhof Olbernhau oder mit dem Auto über B174, B101, Flöhatalstraße, B171 bis Olbernhau, Kirche gleich rechts am Markt, zur Vero über die Brücke, Töpfergasse, Saydaer Straße

GRUSEL AUF DEM KIRCHHOF 1719 soll in Olbernhau eine hochschwangere Frau vor der Geburt ihres Kindes gestorben und beerdigt worden sein. Einige Tage später soll ein Student auf dem Kirchhof spazieren gewesen sein, um Grabsteine und Erinnerungsmale zu untersuchen, als er auf einem Grabmal eine weinende Frau vorfand. Als er sie ansprach, warum sie weine, sagte sie: »Ach! Dass Gott erbarme, ein Kind und keine Windeln!« Also übergab er ihr sein Halstuch für das Kind und sie verschwand damit. Doch dann überkamen ihn Zweifel, ob er vielleicht einen Geist gesehen hätte, und er informierte Amt und Prediger über das Erlebnis. Daraufhin wurde das Grab geöffnet und tatsächlich hatte die Frau im Sarg ein Kind geboren, was tot zu ihren Füßen lag – in das namentlich bestickte Halstuch des Studenten gewickelt. Im Original heißt es, dass alle Einwohner des Ortes die Wahrheit der Geschichte bekräftigen können.

EINE LEGITIME QUELLE? Interessant ist, dass die Sage zwar im *Sagenschatz des Königreichs* veröffentlicht wurde, dort aber die *Sächsische Kernchronik von Iccander* als Quelle angegeben ist. Iccander war das Pseudonym von Johann Christian Crell, seines Zeichens Hofchronist und Notar in Dresden. Er lebte von 1690 bis 1762 und somit zur Entstehungszeit der Sage, was ihn zunächst wie eine vertrauenswürdige Quelle wirken lässt. Zugleich schien er als Herausgeber diverser Zeitungen eine wilde Mischung aus Zahlen, Fakten und Kuriositäten zu veröffentlichen. So folgte beispielsweise in seiner *Curiosa Saxonia* eine Liste von Stadtbränden und Jahreszahlen auf eine Beschreibung einer Positur-Macherin, heute würde man Akrobatin sagen. Was unter dem Titel *Kurtzgefastes sächsisches Kern-Chronicon* von ihm herausgegeben wurde, basierte zum großen Teil auf Briefen – so auch der Bericht in der 1723 erschienenen Ausgabe, der die »wahrhaffte wie wohl fast unglaubliche Begebenheit« in Olbernhau schildert. Geschickt hat ihn ein Unbekannter 1722 aus Ansprung, das zwischen Olbernhau und Zöblitz liegt – also nur drei Jahre nach dem Geschehen. Der Verfasser schreibt selbst, er wolle die Frage nicht erläutern, ob die auf dem Grab sitzende Frau nur eine Fantasie war. Das Tuch im Sarg nahm er aber als Beweis für die Wahrheit der Geschichte. Der Briefschreiber erinnert sich übrigens an einen ähnlichen Fall, der sich 1609 in Frankfurt am Main zugetragen haben soll, wo ein posthum geöffnetes Grab die Geburt von Zwillingen offenbarte, wie es der Vater in einem Traum vorhergesehen hatte.

WAS VON DER SAGE BLEIBT Das scheint der Kern der Sage zu sein: Das damals schon vorhandene Wissen, zumindest aus Hörensagen, dass mitunter nach der Bestattung schwangerer Frauen die Föten noch geboren werden. Wie und dass Sarg-Geburten möglich sind, wurde von Archäologen anhand eines mittelalterlichen Grabes in der Nähe von Imola nachgewiesen, das 2010 entdeckt wurde und die Gebeine einer im 7. oder 8. Jahrhundert bestatteten, hochschwangeren

Symbole finden sich im Hof an der Stadtkirche überall.

Der Eingang erinnert an die Zeit, als in der »Vero« Spielzeug hergestellt wurde.

Frau und ihres Fötus enthält. Der Spuk diente demnach wahrscheinlich als Vorwand, das Grab öffnen zu lassen. Ähnliche Geschichten gibt es nicht nur in Frankfurt, sondern zum Beispiel auch in einer muslimischen Überlieferung, in der das Kind sogar überlebte. Sie wird aber von Hadith-Gelehrten als sehr schwache, wenn nicht sogar erfundene Überlieferung eingeordnet.

VOR LANGER ZEIT VERSTORBEN Wer sich nun in Olbernhau auf die Suche nach dem Ursprung dieser Sage macht, wird nicht auf den Friedhöfen fündig, denn der Student war ja auf dem Kirchhof unterwegs. Tatsächlich diente der Hof der Stadtkirche, die 1590 geweiht wurde, bis 1862 als Begräbnisplatz. Das Grab der Frau ist zwar nicht erhalten, aber andere Grabmale etwa aus der gleichen Zeit, die detailreich verziert sind und zahlreiche Todessymbole enthalten. Solche waren es vielleicht auch, die der Student begutachtette. Auch das große Grufthaus stand schon: Es wurde 1685 über der Grabstätte der Familie Oehmichen errichtet, deren Vorfahren mindestens seit dem 15. Jahrhundert das Rittergut nebenan (das heutige Stadtmuseum) besaßen. Das ebenso wie die Grabmale denkmalgeschützte Mausoleum wurde 2023 restauriert. Im selben Zuge wurde das Areal zum »Platz der Friedlichen Revolution« umbenannt. Er soll nun als Erinnerungsort an den Herbst 1989 in Olbernhau dienen.

DAS KAPUTTE SPIELZEUGLAND Die größte Brache Olbernhaus ist die ehemalige Vero-Produktionsstätte zwischen Brettmühlenweg und Saydaer Straße. Das große Gelände mit mehreren verbundenen Gebäuden diente ab 1905 zur Kunstblumenproduktion und ab 1966 zum Spielzeugbau. Vero, von Vereinigte Olbernhauer Spielwarenbetriebe, war als Kombinat und später als Volkseigener Betrieb der größte Spielwarenproduzent der DDR mit fast 100 Produktionsstätten. Er entstand bis 1972 durch Zwangsenteignungen. Holzspielzeug von Vero, zum Beispiel Baukästen und Puppenhäuser, lag in vielen Kinderzimmern. »Vero-Spielzeug will dein Kind!«, hieß einer der Slogans. Nach der Abwicklung nach der Wende fingen einige Hersteller wieder selbstständig mit der Spielzeugproduktion an, die Fabrik in Olbernhau aber steht seither leer. Ein Abriss, so hat die Stadt ermitteln lassen, würde 2 Millionen Euro kosten. Aber da die Eigentümerin der *Freien Presse* zufolge Nutzungspläne hat, bleibt der Komplex stehen. Er ist umzäunt und soll mit Kameras ausgestattet sein. Ein Spaziergang ringsum ist interessant, auch wegen dem Blick auf die Villa, die der Kunstblumenproduzent Otiwn Jehmlich um 1915 neben seiner Fabrik errichten ließ.

Auf den Spuren des Hüttenmatths

Es gibt noch eine Sage, die sich in Olbernhau hartnäckig hält: 1711 soll Zar Peter I. mit seinem Gefolge den Kupferhammer besucht haben und auf diesem geritten sein! Der Hammerverwalter Matthes, genannt Hüttenmatths, war vom Reichtum des Adligen geblendet. Um selbst reich und erfolgreich zu werden, ging er einen Pakt mit dem Teufel ein. Der verlangte im Gegenzug Matthes Erstgeborenen. Matthes, kinderlos, willigte ein. Zwar bekam er danach allen Reichtum, den er sich erträumte, aber seine Frau, endlich schwanger geworden, starb im Kindbett. Um den Sohn nicht auch noch zu verlieren, suchte er Hilfe. Der Fluch wurde bei einer Zeremonie gebrochen. Aber der Teufel entdeckte Matthes, der sich in einer Hundehütte versteckt hatte, und verwandelte ihn in einen schwarzen Hund. Angeblich springt er Wanderern in Grünthal, die ihn ärgern, auf den Rücken und lässt sich zur Saigerhütte tragen. Sagen von schwarzen Hunden, auch Hüttenmöpse genannt, gibt es auch aus dem Osterzgebirge und dem Freiberger Raum. In Olbernhau kann man nun Stationen der Geschichte abwandern: Der Tourismusverein hat mit vielen Künstlern an den Sagenorten Skulpturen und Schilder mit der Sagengeschichte aufgestellt. Sie führt durch den Hüttengrund zur Handkreuzung im Wald und über den Tiefen Graben und den Kammweg zurück nach Grünthal. Unterwegs gibt es einen schönen Rastplatz mit Blick auf Olbernhau und einen Abstecher zum Hexentanzplatz. Die abwechslungsreiche Tour beginnt und endet auf dem Wanderparkplatz an der Saigerhütte. So kann man auch der Weltkulturerbestätte mit den restaurierten Ruinen der Langen Hütte und dem Kupferhammer einen Besuch abstatten. Die fast 7 Kilometer lange Route ist unter www.olbernhau.de/cs/erzgebirgische-sagentour-der-hütenmatths-von-olbernhau zu finden.

↓ Der Kupferhammer wird bei Führungen besucht.
↘ Den Hüttenmatths trifft man auf der Sagentour.

25

BADESPASS VORBEI

Vom Verfall eines Neubaus in Seiffen

Große Hallenbäder sprossen in den 1990er-Jahren im Erzgebirge wie Pilze aus dem Boden. Wer eines hatte, im besten Fall mit Rutschen, Wellenbad und Saunalandschaft, konnte sich glücklich schätzen. Doch die Rechnung ging nicht in allen Fällen auf.

Seiffen, Erzgebirgskreis, Sachsen

Ort Ehemaliges Freizeitbad, Hauptstraße 156
GPS 50.643792224609484, 13.468204463274128

Ort Kansmühle, Mühlbergweg 18 **GPS** 50.629013514033765, 13.442158779594786

Anfahrt Mit dem Bus (z. B. 453 von Olbernhau) bis Haltestelle Haus des Gastes Seiffen oder mit dem Auto über B174, B101, S207 durch Sayda und Neuhausen, über Kurhausstraße nach Seiffen/Hauptstraße – über Oberheidelberger Straße, Deutschneudorfer Straße, Mühlbergweg nach Oberseiffenbach

Auf der Terrasse des Seiffener Erlebnisbades hat sich seit 2002 kein Badegast mehr gesonnt. Das Aus kam nach vier Jahren.

↑ Selbst die Kunstpalmen verfallen.
↗ Vor dem Betreten Füße duschen!

GEPLATZTE SEIFENBLASEN Dass der Traum vom Spaßbad nach hinten losgehen kann, mussten 2014 auch die Thalheimer Einwohner erleben. Wegen steigender Kosten für die Stadt und starkem Sanierungsbedarf zog der Stadtrat die Reißleine – und schloss das Bad. Damals noch mit der Hoffnung auf einen neuen Betreiber und eine Sanierung. Beides blieb aus. 2022 gab es eine kurzzeitige Belebung durch das Kunstfestival »Begehungen« und eine Ankündigung, dass es eine Nachnutzung geben wird, wie die *Freie Presse* berichtete. Davon ist das Seiffener Pendant noch weit entfernt. Es steht aber auch schon länger leer: Seit 2002 war kein Badegast mehr im ehemaligen Erlebnisbad, nur als Lager nutzt es die Gemeinde. Auf den ersten Blick, von der Hauptstraße aus, sieht man dem Gebäude den langen Leerstand nicht an. Es wurde ja auch erst 1998 eröffnet. Zuvor war 1994 das Kulturhaus abgerissen worden, das sich an der gleichen Adresse befunden hatte. Einen Ersatz für den Veranstaltungssaal darin, wenn auch in kleinerem Maßstab, wurde in Form des Haus des Gastes nebenan geschaffen. Das 1997 eröffnete Mehrzweckgebäude ist im Gegensatz zum Bad noch in Benutzung. Und so kommt es, dass mancher Gast den Blick genauer auf das Erlebnisbad richtet.

SCHULDEN STATT BADESPASS In den vier Jahren, die das Erlebnisbad geöffnet hatte, hatte ein Besuch durchaus seine Sonnenseiten. Der Ausblick von der Schwimmhalle und der Terrasse auf der Rückseite über den Seiffener Bach auf Wiesen und Hügel muss traumhaft gewesen sein. Aber Treppen und Wege sind inzwischen überwuchert. Im Inneren sind die Palmen vertrocknet und selbst die Kunststoffpflanzen werfen ihre Blätter ab. Andernfalls wirkt es, als habe man den Zeitgeist der 1990er konserviert: angefangen mit den knalligen Farben. Mit

Die Webseite warb mit »paradiesischer Architektur« und einer »abwechslungsreichen Badelandschaft mit besonderem Komfort«.

der Badelandschaft, die dazu einlud, einen Tag in Badesachen zu verbringen, von Becken zu Becken schlendernd, zwischendurch Pommes essend. Mit der Hoffnung, den Einwohnern und zahlreichen Touristen des Kurortes und Spielzeugdorfs eine weitere Attraktion anbieten zu können. Doch ziemlich von Anfang an ließ sich das Erlebnisbad nicht wirtschaftlich betreiben, die nötigen Besucherzahlen waren nicht zu schaffen. Ein Jahr nach der feierlichen Eröffnung ging die Betreiberfirma pleite. Die Gemeinde sprang ein, konnte das Bad aber auch nicht halten und musste es nach nur vier Jahren zusperren. Das kam Seiffen gleich doppelt bitter zu stehen: Denn seitdem lasten Schulden in Millionenhöhe auf dem 2000-Einwohner-Ort. Wegen der unsachgemäßen Verwendung von Fördermitteln müssen jährlich Rückforderungszahlungen geleistet werden. Seither hat es verschiedene Ideen zur Wiederbelebung gegeben: als saniertes Bad, Indoor-Spielplatz, Schmetterlingszucht oder Paintball-Spielhalle. Keine wurde bislang umgesetzt. Dafür wird Seiffen voraussichtlich noch in diesem Jahrzehnt seine Schulden zurückgezahlt haben.

DIE KANSMÜHLE Am Wildbach im Ortsteil Oberseiffenbach steht noch ein klassischer Lost Place, und, da er in Privateigentum ist, wahrscheinlich auch noch eine Weile – im Gegensatz zur ehemaligen Fischerfabrik, die jüngst abgerissen wurde. Die sogenannte Kansmühle und der Straßenname Mühlbergweg deuten darauf hin, dass in dem Tal, das 1665 besiedelt wurde, einst mehrere Mühlen betrieben wurden. So gehörte auch Oberlochmühle, heute ein Gasthof, einst zu Oberseiffenbach. In der Siedlung sollen sechs Mühlen vom Wildbach betrieben worden sein. Auch die Drechsler von Ober- und Niederseiffenbach sollen »ihre Drehbank an's Wasser gerichtet« haben, wie Friedrich Adolph Schumann 1820 im *Staats-, Post- und Zeitungslexikon von Sachsen* schrieb. Die Kansmühle, 1811 erstmals erwähnt, soll wie die Oberlochmühle eine Mahlmühle gewesen sein, aber auch eine Sägeblattherstellung und Bäckereien sollen in dem Gebäude ab dem Ende des 19. Jahrhunderts untergebracht gewesen sein. Bewohnt wurde es bis in die 1990er-Jahre und wurde dann, wie so viele Häuser, für immer verlassen. Man kann sich noch gut vorstellen, wie idyllisch das Wohnen zwischen Wald und Wildbach gewesen sein muss. Der aktuelle Zustand mit eingestürztem Dach macht eine Sanierung aber schwer vorstellbar. Auch die Statik des Nebengebäudes, das dem Anschein nach einen Stall beherbergte, hat bereits arg gelitten. Der Keller ist interessanterweise neben dem Haus angelegt. Wegen unklarer Eigentumsverhältnisse und Gefahren wird vom Betreten abgeraten.

Ihre idyllische Lage in Oberseiffenbach schützt die Kansmühle nicht vor Verfall.

Auf dem Dach von Seiffen

An Ausflugszielen mangelt es im sogenannten Spielzeugwinkel nicht, viele Werkstätten für erzgebirgische Holzkunst öffnen ihre Türen für Besucher. Außerdem entführen Spielzeug- und Freilichtmuseum in die Geschichte Seiffens. Lohnenswert ist Schwartenberg mit seiner prägnanten, fast 100 Jahre alten Baude. Von dem fast 800 Meter hohen Gipfel, einem der höchsten im Osterzgebirge, hat man einen genialen Rundumblick auf einen Großteil des Erzgebirges: auf Seiffen, Neuhausen, bis zum Keil- und Fichtelberg und im Norden bis zur Augustusburg und dem Schornstein von Chemnitz.

↓ Ein Eingang zum Keller liegt neben dem Haus.
↘ Bewohnt ist es seit den 1990ern nicht.

Ein massives Bauwerk, verschlossen und scheinbar für die Ewigkeit gebaut, steht mitten im Wald südlich von Eppendorf.

26

DER BUNKER VON EPPENDORF

Am NVA-Standort im Röthenbacher Wald

Auf Luftaufnahmen sind südlich von Eppendorf am Waldrand große Flächen aus Betonplatten deutlich zu erkennen. Die heutige Schießsportanlage gehörte einst der NVA, die mit der Gegend große Pläne hatte. Das interessantere Bauwerk liegt aber schräg gegenüber im Wald.

Eppendorf, Landkreis Mittelsachsen, Sachsen **Ort** Straße zum Flugplatz, 09575 Eppendorf **GPS** 50.77406640888384, 13.24066345063777 **Anfahrt** Mit dem Bus Linie 728 bis Eppendorf oder mit dem Auto B173 Oederan, S207/Eppendorfer Straße, Borstendorfer Straße/Reifländer Straße, links zum Flugplatz

VERSTECKT ZWISCHEN BÄUMEN Von der Straße aus ist nichts zu sehen, Bäume versperren den Blick. Schranken verhindern die Weiterfahrt auf den Zufahrten, nur zu Fuß kommt man hinein. Zugewachsen ist das Gelände seit der Wende und bei Sprayern offenbar nicht unbekannt: Die Rede ist vom Bunker bei Eppendorf, der seit Langem die Fantasie der Umgebung beflügelt. Auf den ersten Blick ist klar, dass es sich nicht um einen Luftschutzbunker für die Bevölkerung handelt. Der Eingang ist riesig, durch das Tor würde ein Transporter passen. Es ist natürlich fest verschlossen. Der Bunker wurde überirdisch angelegt und mit Erde bedeckt. Zu seiner Linken gibt es noch einen kleinen Platz und ein paar Ziegel, die darauf hindeuten, dass hier noch ein Gebäude stand. Alle anderen Einrichtungen liegen hinter Stacheldraht: Ein zweites Gelände befindet sich 200 Meter weiter. Dort stehen noch ein Wachhaus und eine längere Baracke, die Wohn- oder Bürogebäude gewesen sein könnte. Dieses Gelände ist heutzutage allerdings im Besitz eines Schützenvereines, die Schießsportanlage sollte also keinesfalls betreten werden.

GEHEIME PLÄNE? Offizielle Unterlagen oder Berichte über den Bunker und das Gelände der Schießsportanlage gibt es kaum. Wohl aber eine Stasiakte über die Jahre 1974 bis 1986 mit dem Titel: *Absicherung des Militärobjektes Flughafen Eppendorf. Enthält u. a.: IM-Berichte zum Flugplatz und zu Vorkommnissen in Eppendorf.* Zudem war das Gebiet damals abgesperrt. Es ist also nicht verwunderlich, dass es einige Gerüchte über die Anlage gibt – zum Beispiel, dass ein Jagdbombenfliegergeschwader nach Eppendorf verlegt werden sollte oder eine Raketenabschussanlage für nukleare Mittelstreckenraketen gebaut werden sollte.

Gut zu sehen aus der Vogelperspektive: Wie die Natur den Bunker einschließt.

↑ Proviant vom Bunkerbau? Fisch aus DDR-Zeiten
↗ Wiederentdeckt am Waldrand: der Eklogitfelsen

PRODUKTION FÜR DIE FLIEGER Der Bunker wirkt zwar wie ein Fahrzeug- oder Garagenbunker, hatte aber eine andere Verwendung: Laut Datenbank des Zentrums für Militärgeschichte und Sozialwissenschaften der Bundeswehr handelte es sich um die Sauerstoffgewinnungs- und Versorgungseinrichtung 15 der Nationalen Volksarmee (NVA) der DDR. Sie war dem Stellvertreter des Chefs des Kommandos Luftstreitkräfte/Luftverteidigung für Technik und Instandsetzung unterstellt. In diesen Einrichtungen – vier soll es in der ganzen DDR gegeben haben – wurden Sauerstoff und Stickstoff aus der Umgebungsluft gewonnen, gelagert und in Form von Flüssiggas an Fliegerstützpunkte geliefert. Auch technische Ausbildung von Soldaten soll in Eppendorf stattgefunden haben. Warum hier, weitab von den Flugplätzen Dresden und Preschen eine Versorgungseinrichtung gebaut und betrieben wurde, lässt sich vermutlich mit den Plänen erklären, einen weiteren Flugplatz zu errichten: Als NVA-Flugplatz Lippersdorf wird er in einer Liste von NVA-Standorten erwähnt, die Teil einer Veröffentlichung des Stasi-Unterlagen-Archivs zu Sperrgebieten in der DDR ist. Eingezeichnet ist er darin in einer Karte im Südosten des Waldgebiets. Der Flugplatz wurde aber nie fertiggestellt und das Projekt wurde aufgegeben. 2031 soll seine Flugplatznummer gewesen sein und er wäre dem in Preschen, JG-3, unterstellt gewesen. In den 1980er-Jahren soll es dann Pläne für die Stationierung eines Hubschraubergeschwaders gegeben haben, die aber ebenfalls nicht umgesetzt wurden. Seit der Wende kümmert sich der Freistaat um das Bunkergelände.

IN DER UMGEBUNG Der Röthenbacher oder auch Reiflander Wald, an dessen nördlichem Ende der Bunker liegt, erobert sich langsam die Flächen rings um den Bunker

Den zweiten Teil des NVA-Geländes nutzt heute ein Schießsportverein – betreten verboten!

zurück. Vor Ort mangelt es nicht an Forst- und Wanderwegen, um den Besuch mit einem Spaziergang zu verbinden. Wer direkt hinter dem Bunker auf einem Parallelweg unterwegs ist, findet – nicht schön, aber spannend – die Überreste einer kleinen Müllkippe, so scheint es. Ob sie aus der Bauzeit des Bunkers stammt, ist unklar. Der Müll deutet jedenfalls auf die DDR-Zeit hin. Die Natur steht auf dem Röthenbacher Lehrpfad im Vordergrund, der am gleichnamigen Bach 2 Kilometer südlich der NVA-Anlage beginnt und unter anderem zu einer kleinen Talsperre und einem Kneipp-Becken führt.

Das seltene Gestein

Vom Bunker zur Schießsportanlage, weiter geradeaus und bei nächster Gelegenheit links abbiegend, gelangt man nach nur 700 Metern zum Eklogitfelsen – einer weiteren kleinen Sehenswürdigkeit von Eppendorf. Dabei handelt es sich um ein seltenes und auffallend gefärbtes Gestein, das beim enormen Druck und in der Hitze im Erdinneren entsteht, wenn Kontinente aufeinandertreffen und Ozeansedimente vorhanden sind. Die Entstehung wird ausführlich auf einem Schild vor Ort erklärt. Der Felsen selbst findet sich links vom Weg am Feldrand. Ein Pfad führt zu dem Naturdenkmal. Ende des 19. Jahrhunderts gab es einen kleinen Steinbruch am Felsen und das Material wurde zum Straßenbau genutzt, wie 2018 im Amtsblatt berichtet wurde. In der Mitte des 20. Jahrhunderts hatten Jugendliche am Felsen eine Hütte aufgebaut und als Jugendclub genutzt – bis das Gelände samt Eklogitfelsen Anfang der 1970er-Jahre von der NVA übernommen wurde. Nun, mit Schild und Schutzhütte, lädt der Ort wieder Wanderer zur Rast ein.

27

GEHEIMGANG INS GERICHT

Das Gefängnis von Oederan

Beinahe wäre das Gebäude in zweiter Reihe an der Gerichtsstraße vergessen worden, stattdessen hatte die Stadtverwaltung eine zündende Idee. Bis zum Verkauf ist der »legal lost place« regelmäßig zugänglich.

Oederan, Landkreis Mittelsachsen, Sachsen

Ort Gerichtsstraße 18 **GPS** 50.859801201967734, 13.174668402415705

Ort Frankenberger Straße 1 **GPS** 50.86185517264209, 13.166439683832325

Anfahrt Mit der Bahn (RB30 von Chemnitz) bis Bahnhof Oederan oder mit dem Auto über B173 bis Markt bzw. zum Gefängnis nach der nächsten Kurve rechts abbiegen in die Gerichtsstraße

Vier Meter hohe Mauern, zum Teil mit Scherben gespickt: Aus dem Gefangenenhaus sollte niemand entkommen.

↑ Erst Gefängnis, dann Lager – und nun?
↗ Einladend sollten die Zellen nicht sein.

EIN GEBÄUDE ZUM TRÄUMEN? Auf den ersten Blick nicht: Das Dach ist teilweise undicht, es tropft auch in die unteren Stockwerke durch. Die Zimmer sind zum Teil sehr schmal und die Wände sehr dick, dafür gibt es ein Klo in jeder der 17 Zellen. Das Grundstück ist von einer 4 Meter hohen Mauer umgeben. Und nicht zuletzt muss beim Ausbau durch den Denkmalschutz mit Auflagen gerechnet werden. Trotz allem enthält das Verkaufsangebot den schönen Satz: »Vorstellbar ist vieles.« Ja, wer das Oederaner Gefängnis kaufen will, braucht Vorstellungskraft. Wäre das etwas für ein Hostel? Mit Übernachtung im Zellentrakt und Chillout Lounge unterm Dach, wo Holzbalken und eine alte Mangel für Retro-Charme sorgen? Wer ein Nutzungskonzept und mindestens 110 000 Euro hat, sollte sich schleunigst bei der Stadtverwaltung melden, die seit 1965 Eigentümerin ist.

WOHNEN IM DENKMAL Das Gefängnis und auch das ehemalige Amtsgericht daneben waren 1911 eingeweiht worden. Während das Gericht mit einer neobarocken Fassade, Säulen am Eingang und Bleiglasfenstern von baukünstlerischer Bedeutung ist, wie das Landesamt für Denkmalschutz einordnet, ist das Gefängnis schlichter gestaltet. Es gilt aber als typisch für Gefängnisse jener Zeit und ist damit baugeschichtlich relevant. Als Gefangenenhaus genutzt wurde es nur bis 1960. Bis in die 1990er-Jahre war dann noch eine Wohnung darin bewohnt. Zwischenzeitlich nutzte es zudem die Konsumgenossenschaft als Lager. Daher stammen auch die Aufschriften auf den Zellentüren.

AUS DER NOT EINE TUGEND Seit 1991 steht das Gefängnis nun leer, und wie so oft hat der Leerstand nichts Gutes für den Gebäudezustand bedeutet. Auch das Notdach aus Kunststoffplanen hat mittlerweile un-

Gitter trennen die Gänge vom Treppenhaus, wo auch noch ein Waffenschrank steht.

dichte Stellen. Zwar hat die Stadtverwaltung, die bis zur Fertigstellung des Rathauses im benachbarten ehemaligen Gerichtsgebäude sitzt, nicht nur ein Auge darauf, doch den Verfall aufhalten kann sie nicht. 2021 hatten Stadtmarketing e. V. und Stadtverwaltung eine gute Idee: Seither öffnen sie regelmäßig die Türen des Gefängnisses für Lost-Places-Fotografen (aktuelle Termine und Kontakt auf www.oederan.de), die im Gegenzug an einen gemeinnützigen Verein spenden. Zum Beispiel profitierten in der Vergangenheit der Elternverein krebskranker Kinder sowie der Förderverein der Oberschule davon.

UNZÄHLIGE MOTIVE Fotoausrüstung und Taschenlampen sind mitzubringen. »Die Fotografen einschließlich deren Begleitung betreten das einstige Gefängnis auf eigene Gefahr«, erinnert der Verein für Stadtmarketing. Im Inneren gibt es einige lohnenswerte Motive: von der historischen Mangel auf dem Dachboden über die Zellen und Wirtschaftsräume durch das vergitterte Treppenhaus mit Waffenschrank bis hinab in den Keller, wo ein großer Kohlenheizraum mit Geheimgang zum Gerichtsgebäude zu den ungewöhnlichen Überraschungen zählt. Damit ist für Nervenkitzel gesorgt, selbst oder gerade weil einem vorher jemand die Tür aufgesperrt hat. Dafür findet man auch nicht die sonst üblichen Vandalismusschäden vor. Findet das Gefängnis doch einen Käufer, ist es mit den Touren wahrscheinlich bald vorbei. Es lohnt sich also, die Chancen auf eine Erkundung bis dahin wahrzunehmen.

DIE BERÜHMTESTE BRACHE DER STADT

Der Oederaner Markt ist eine legendäre Engstelle auf der Bundestraße 173, die Chemnitz und Freiberg verbindet. Aufgrund der historischen Bebauung gibt es auch wenig Spielraum für Veränderung. Denn dort, wo sich täglich zig Fahrzeuge aneinander vorbeidrängeln, steht eine berühmte Fassade. Es handelt sich laut Landesamt für Denkmalschutz um ein »Zeugnis des ältesten und bedeutendsten Gasthofstandorts in Oederan«, nämlich die Ruine des einstigen Hotels »Zu den drei Schwanen«. Erwähnung findet der Gasthof bereits vor dem Dreißigjährigen Krieg, musste aber nach dem Stadtbrand 1733 wieder aufgebaut werden. 1812 soll Napoleon darin Rast gemacht haben. Ab 1877 wurde das Eckgebäude von Händlern und Handwerkern genutzt. In den 1990ern trieb die Spekulation mit dem Objekt bizarre Blüten. Doch weder die Sanierung durch einen Scheich noch der Umbau zum Vier-Sterne-Hotel fanden statt. Stattdessen hat der lange Leerstand dem Gebäude arg zugesetzt. Gerettet werden konnte nur die barocke Fassade, der Rest wurde abgerissen. Neu angestrichen ist ihr das Alter auf den ersten Blick nicht anzusehen. Im Gelände dahinter haben im Frühjahr 2025 Arbeiten für einen Skulpturenpark begonnen.

Alles in klein

Kein Besuch von Oederan ist komplett ohne einen Spaziergang durchs Klein-Erzgebirge. Seit 1933 locken die Miniaturen von bekannten Sehenswürdigkeiten wie der Augustusburg oder auch der Dreckschänke (siehe Kapitel 17) Besucher in die Freiluftausstellung am Hetzbach. Nicht nur Kinder werden viel zu entdecken haben – viele der Figuren und Szenen sind interaktiv gestaltet. Um die mehr als 200 Miniaturen kümmert sich liebevoll ein Verein. Dessen Arbeit kann in den Sommerferien täglich bestaunt werden (April–Okt. ist montags Ruhetag, www.klein-erzgebirge.de). An das Gelände schließt sich ein Park an, durch den man weiter in den Stadtwald wandern kann. Wen es stattdessen in die Altstadt zieht, der wird im Sommer auf großformatige Fotoleinwände treffen. Seit 2021 stellen Fotokünstler bei der »Perspektiva Oederan« auf den Plätzen und in den Gassen ihre Werke aus. Auch Workshops gehören zu dem Angebot. Über die Homepage lassen sich auch Termine fürs Gefängnis buchen (www.perspektiva-oederan.de/lost-places).

Vom riesigen Heizungskeller führt ein niedriger Gang hinüber ins Gerichtsgebäude. Nichts für schwache Nerven.

Der Pfad endet an einem Fenster ins Dunkel: Die unteren Kalkhöhlen sind nicht zugänglich.

28

VERGESSENES VERSTECK

Die Schwedenlöcher bei Flöha

Einige Geheimnisse der Kalkhöhlen sind hinter Stein und unter der Erde verborgen. Aber manches, was im Wald von Flöha-Plaue geschehen ist, liegt ohnehin im Reich der Legenden.

Flöha, Landkreis Mittelsachsen, Sachsen **Ort** Große Kalkhöhlen, E-Weg, 09557 Flöha **GPS** 50.838801856044135, 13.102084908266628 **Anfahrt** Mit der Bahn bis Bahnhof Flöha oder Flöha-Plaue oder mit dem Auto über B180, Augustusburger Straße bis Schweddey

EIN VERZWEIFELTER AKT Die berühmten Schwedenlöcher von Sachsen liegen in der Sächsischen Schweiz. Von der Bastei führt ein beliebter Wanderweg durch diese enge Schlucht in den Amselgrund. Ursprünglich – ohne Treppen und Brücken – war sie aber nur schwer zugänglich und bot deshalb den Bauern aus Rathewalde Schutz, als die schwedischen Soldaten im Dreißigjährigen Krieg ihr Dorf zerstörten. In Flöha ist die Geschichte eine andere. Aber auch hier hat sich die Bezeichnung Schwedenlöcher seit dem 17. Jahrhundert erhalten – für die oberen und unteren bzw. großen und kleinen Kalklöcher im Wald des Ortsteils Plaue. Schweden und Sachsen hatten im Dreißigjährigen Krieg 1631 ein Bündnis geschlossen, aber nachdem der Kurfürst Johann Georg I. das Bündnis verlassen und mit dem Gegner, Kaiser Ferdinand II., 1635 einen Friedensvertrag geschlossen hatte, rächten sich die Schweden an der sächsischen Bevölkerung – bis zum Waffenstillstand 1645 soll zwischen Dresden, Leipzig und Chemnitz nur ein Drittel der Bevölkerung überlebt haben. Glücklich war also, wer ein Versteck vor den Schweden hatte.

DIE RACHE DES SCHMIEDS Einen Hinweis auf die Schweden gibt schon der ungewöhnliche Name der Siedlung, des Baches und der Straße, die in den Wald führt: Schweddey. Manche Quellen berichten auch davon, dass sich Einwohner in den Höhlen nicht weit von der Siedlung vor dem Überfall in Sicherheit gebracht haben. Eine beliebte Sage erzählt aber davon, dass die Höhlen vielmehr zur Falle für die Schweden wurden: Ein junger Schmied musste mit ansehen, wie die Soldaten seine Frau ermordeten. Irre vor Schmerz über den Verlust versteckte er sich in den Kalkhöhlen. Die Soldaten lagerten ebenfalls im Wald und unerklärlicherweise verschwanden nachts immer wieder Wachen. Bis eines Tages ein Holzfäller beobachtete, wie der Schmied eine Last in die Höhlen trug, ihm nachschlich und sah, wie er einen toten Soldaten in den unterirdischen See

Wer trittsicher ist, kann in die großen Schwedenlöcher hineinspähen. Der Eingang liegt in einem auffälligen Talkessel.

warf. Der Holzfäller informierte die Schweden darüber. Diese umstellten die Höhle und überwältigten den Schmied. Sie zwangen ihn, sie in die Höhlen zu den Getöteten zu bringen. Auf dem vermeintlichen Rückweg ans Tageslicht führte er sie in einen alten Teil des Bergwerks, wo er gegen eine morsche Holzstütze trat und den Stollen zum Einsturz brachte. Er wurde ebenso begraben wie die Schweden, weshalb die Kalkhöhlen seither Schwedenlöcher heißen sollen.

EIN FENSTER INS DUNKEL Tatsächlich gehen die unteren Kalklöcher weit in den Berg: Eine Befahrung in den 1960er-Jahren, bei der eine Skizze erstellt wurde, fand Stollen auf drei Sohlen, die bis zu 100 Meter vom Mundloch wegführen. Damals hatte es dem Überblickswerk *Marmor im Erzgebirge* zufolge Bestrebungen gegeben, ein Schaubergwerk zu eröffnen, was jedoch aus Sicherheitsgründen untersagt wurde. Der Eingang ist heute – bis auf ein kleines vergittertes Fenster – verschlossen. Kalkglimmerschiefer und Kalzitmarmor wurden in Plaue bereits seit 1453 abgebaut, zunächst als Tagebau und später, bis ins 19. Jahrhundert, Untertage. Der Kalk fand beim Bau der nahen Augustusburg (um 1570) ebenso Verwendung wie beim Wiederaufbau der Chemnitzer Stadtmauer nach dem Dreißigjährigen Krieg (ab 1648).

UNTER DER ERDE Kalköfen zum Brennen gab es zwei vor Ort, wovon einer in den 1990er-Jahren im Rahmen einer Arbeitsbeschaffungsmaßnahme wiedergefunden und teilweise freigelegt wurde. Er wurde ab 1804 mit Steinkohle aus Flöha befeuert, wie der Mineraliensammler und langzeitige Geologie-Fachgruppenleiter Helmut Kroh im Amtsblatt der Stadt berichtete. Kroh war

Im Gelände der oberen Kalkhöhlen gibt es mehrere Löcher, weshalb Vorsicht oberstes Gebot ist.

auch an der Befahrung der Schwedenlöcher beteiligt (Fotos und Berichte davon sind auf www.unbekannter-bergbau.de zu finden). Zur Konservierung wurde der Kalkofen jedoch im Auftrag des Landesamts für Archäologie wieder verfüllt und mit Erde abgedeckt. Somit liegen die Geheimnisse der unteren Schwedenlöcher verborgen.

DER TALKESSEL IM WALD Die oberen Kalkhöhlen wurden im Gegensatz auch als Tagebau zur Kalkgewinnung genutzt und sind heute noch als hufeisenförmiger Kalkbruch am Südwesthang des Kuhsteins bekannt, wie sie der Verein Stadtgeschichte Flöha 2005 beschrieb. »Erwähnenswert sind bei den oberen Kalkhöhlen eine recht fahrlässig gewesene Abbauweise des früheren Bergbaues«, heißt es im Chronikblatt *Unsere Wälder, die Kohlwiese, die Baumwollspinnerei Plaue.* Als Wanderziel sind sie beliebt, wie auch ein ausgetretener Pfad zeigt, zugleich muss in dem Kessel mit losem Gestein von unten und oben gerechnet werden. Ein Erkunden wird nicht ausdrücklich verboten (Stand 2022), sollte aber äußerst umsichtig geschehen. Beim Blick ins größte Höhlenloch findet man je nach Witterung ein halb unterirdisches Wasserloch vor, was zwar zu klein für die Szene in der Sage ist, aber schönes, klares Wasser enthält.

DAS NAHE UNGLÜCK Bergauf von den Höhlen, am Feldrand links von der Wegkreuzung, liegt übrigens noch der Sagenort der »Brennenden Braut«, der mit einer Gedenktafel gekennzeichnet wurde. Dort soll 1874 eine junge Frau bei einem tragischen Unglück schwer verwundet worden und später verstorben sein: Als ihr Bräutigam sich eine Zigarette anzündete, ging ihr mit Benzin oder Spiritus gereinigtes Kleid (was damals üblich war) in Flammen auf. Wie der Schnitzer der Tafel in den Kirchenbüchern bestätigt fand, beruht sie auf dem Tod der Falkenauerin Marie Auguste Hofmann aufgrund schwerer Verbrennungen. Danach wurde ein Gedenkstein aufgestellt.

Im Sommer kann der kleine See am Boden der Höhle austrocknen.

Hetzdorfer Viadukt und Bastei

Wer die Wanderung um 4 Kilometer verlängert, findet noch ein weiteres lohnenswertes Ziel, nicht nur für Eisenbahnfans oder Fotografen. Das Hetzdorfer Viadukt diente von 1869 bis 1992 auf der Bahnstrecke Dresden–Chemnitz. Dann wurde die Streckenführung auch wegen Schäden an der Steinbrücke geändert. Das 42 Meter hohe Bauwerk konnte aber zum Glück für Wanderer erhalten werden. Heute kümmert sich der Interessenverein Hetzdorfer Viadukt darum. Auf der anderen Seite führt ein kurzer Aufstieg zur Hetzdorfer Bastei, von der aus man einen Blick auf die Brücke hat. Für den Rückweg bietet sich die Bahn an, die stündlich von Hetzdorf nach Flöha fährt – nur nicht übers Viadukt, sondern durchs Tal. Einen Umstieg und eine Station weiter gelangt man auch zurück nach Flöha-Plaue.

Die Ruinen der Kalköfen bei Háj wurden aus dem Dornröschenschlaf geweckt.

TSCHECHISCHES ERZGEBIRGE

29

DENKMAL IN STAHLBETON UND MOOS

Das Zinnbergwerk Rolava

Nach fast 80 Jahren Stillstand sind von einer der damals modernsten Erz-Aufbereitungsanlagen nur Skelette übrig. Ein Triumph der Natur zeichnet sich ab.

Rolava/Sauersack, Gemeinde Přebuz/Frühbuß, Region Karlsbad, Tschechien

Ort Cínový důl, Straße 2189, 35801 Přebuz, Tschechien
GPS 50.397050522144085, 12.629997830134128

Ort Důl Otto, 21810, 35801 Přebuz **GPS** 50.36026832314966, 12.614213125959658

Anfahrt Mit dem Auto z. B. von Johanngeorgenstadt Straße 221 bis Platten, Hamerská/2209 nach Nove Hamry, über die Landstraße 2189 zum Parkplatz Zinnbergwerk, weiter geradeaus nach Rolava, links über die 21012 nach Přebuz, rechts zur Kirche, geradeaus zur Otto-Grube

Zu den beeindruckendsten Fotomotiven gehört das Betongerippe des Vorratsbunkers in einer Senke.

RUINEN IM NATURSCHUTZGEBIET Es gibt kaum einen Ort, auf den die Phrase »von der Natur zurückerobert« besser passt als auf den ehemaligen Zinnbetrieb bei Rolava (ehemals Sauersack): Heide überdeckt Ziegelsteinhaufen, auf den Betonstützen wachsen Bäume, dickes Moos hängt in Fetzen herab, Erde und Wurzeln dringen durch Risse im Mauerwerk. Durch das Gelände führt ein Naturlehrpfad, Schilder weisen auf die Flora und Fauna des Rohlauer Hochmoores hin. Dort wachsen zum Beispiel Wald-Läusekraut und Rundblättriger Sonnentau. Beide Arten werden in Deutschland als gefährdet eingestuft. Das ehemalige Bergwerksgelände, die Wege und Ruinen, liegen heute in einem Naturschutzgebiet, das sich auf rund 900 Höhenmetern bis zur deutschen Grenze erstreckt. Wer an einem ruhigen Tag herkommt – denn vor allem im Sommer und an Wochenenden muss man mit anderen Ausflüglern rechnen – hört nichts außer Vogelzwitschern.

An der Aufbereitungsanlage stehen Treppenhäuser quasi ohne Haus.

ERFOLG AUF DEM RÜCKEN ANDERER Bei aller Friedlichkeit wäre es leicht, die dunkle Vergangenheit des Ortes zu vergessen. Zumal es vor Ort keinerlei Hinweise darauf gibt. Denn die Grube Sauersack war nicht irgendein Bergwerk von vielen im Erzgebirge, sondern eines, das durch Zwangsarbeit politischer Gefangener am Laufen gehalten wurde. Die Zinnbergbau Sudetenland GmbH hatte die Zinn-Lagerstätte und den Schacht »Segen Gottes« zwischen Hirschenstand (heute Jeleni) und Sauersack nach der Besetzung Nordböhmens durch das Dritte Reich übernommen. Zwei neue Schächte und eine umfangreiche Aufbereitungsanlage an Schacht I wurden Anfang der 1940er-Jahre errichtet. Mehr als 40 Gebäude, darunter Schachtgebäude, Förderturm, Erzaufbereitung mit Brecher, Erzwäsche und Erzlager, technische und administrative Gebäude sowie Wohnbaracken für Arbeiter, Kriegsgefangene und Wachen zählten dazu. 11,75 Millionen Reichsmark soll die Anlage gekostet haben, 1943 ging sie in Betrieb. Sie blieb wirtschaftlich jedoch weit hinter den Erwartungen zurück. Von den rund 650 Arbeitskräften, die bis zum Kriegsende am Aufbau und Betrieb der Anlage beteiligt waren, stammten etwa zwei Drittel aus Russland, der Ukraine und Frankreich und wurden als Kriegsgefangene zu dem Einsatz gezwungen. Auch Zwangsarbeiter und deutsche Wehrpflichtige wurden zum Betrieb der abgelegenen Anlage herangezogen. Im März 1945 sollen die Wachmannschaften vor den heranrückenden alliierten Truppen geflohen sein, während die Zwangsarbeiter und Kriegsgefangenen ihnen entgegeneilten. Ins Reich der Gerüchte gehört jedenfalls, dass Gefangene beim Abzug lebendig in der Grube verschüttet wurden, dass wahlweise Teile für V2-Raketen in Rolava gebaut oder Nazi-Schätze dort versteckt wurden.

Im Becken des Schlammverdichters spiegeln sich der dichte Wald und die mehrstöckige Anlage zur Erzaufbereitung.

KEINE ZUKUNFT NACH DEM KRIEG Die moderne Anlage am Schacht I hatte zwar den Krieg überstanden, aber sie konnte nur zu Kriegszeiten wirtschaftlich betrieben werden, da der Zinngehalt des Erzes zu gering und die Wasserhaltungskosten zu hoch waren. Der tschechische Staat entschied, sie deshalb zu großen Teilen zu demontieren und den Schacht zu fluten. Bretter und Ziegel wurden zudem von Anwohnern als Baumaterial abtransportiert. Der Förderturm war aus Holz und wurde bei einem Feuer zerstört. Witterung, Wachstum und auch Vandalismus haben ihr Übriges dazu beigetragen, Rolava I zur Ruine zu machen.

TREPPEN INS NICHTS Von vielen Gebäuden stehen nur noch die Grundmauern. Sehenswert sind vor allem das Betongerippe des Vorratsbunkers links des Hauptwegs, das Becken zum Schlammeindicken und die große Aufbereitungsanlage mit Erzsilo und Schüttvorrichtungen rechts nach der Rechtskurve. Südlich der Straße befand sich das Lager für die Zwangsarbeiter und Kriegsgefangenen. Aufgrund der Holzbauweise sind davon hauptsächlich Grundmauern und einzelne Strukturen übrig. Das Gelände ist mit einem Parkplatz und Wegen ausgestattet und insgesamt leicht zugänglich. Man sollte aber nicht außer Acht lassen, dass es sich um eine ungesicherte Anlage handelt. Im Boden – auch entlang der Hauptwege! – gibt es Löcher, manche Gebäudeteile sind absturzgefährdet, in anderen steht Wasser und nach Geländern an den Treppen kann man lange suchen. Das Betreten geschieht also auf eigene Gefahr. Wer lieber außerhalb der Gebäude-Gerippe bleibt, kann aber auch einen interessanten Einblick erhalten. Nicht zuletzt lohnt es sich, auf dem Hauptweg weiterzugehen, bis man auf eine Lichtung trifft – dort beginnt das Moor, das zum größten Teil nicht zugänglich ist.

DER OTTO-SCHACHT IN FRÜHBUSS Von der einstigen Siedlung Rolava/Sauersack ist nicht mehr viel übrig, ein paar Häuser stehen an der Straße zum benachbarten Přebuz (ehemals Frühbuß). Aufgrund des Reichtums an Bodenschätzen in der Umgebung war Přebuz im 16. Jahrhundert eines der Bergbauzentren der Region und bekam im 16. Jahrhundert sogar das Stadtrecht verliehen. Heute leben hier bloß noch 70 Menschen. Das Dorf ist aufgrund seiner traditionellen, urigen Erzgebirgshäuser und einer weiteren bergbaugeschichtlichen Anlage dennoch einen Stopp wert. Es gibt einen Parkplatz vor dem Abzweig zur Pfarrkirche St. Bartholomäus oder an der Kreuzung danach (Vollsperrscheibe). Zu Fuß erreicht man nach 500 Metern die Otto-Grube, wo ab 1933 Zinn abgebaut und daneben eine kleinere Aufbereitungsanlage errichtet wurde. Ukrainische Kriegsgefangene waren auch an dieser Anlage der Gewerkschaft Zinnwalder Bergbau im Einsatz. Nach dem Krieg wurden Untersuchungen auf Uran und weitere Zinnvorkommen durchgeführt, jedoch mit enttäuschenden Ergebnissen, weshalb der Bergbau aufgegeben wurde. Einige Gebäude aus Stahlbeton sind jedoch erhalten geblieben.

Spaziergang bei Rolava

Wer dem Weg auf der anderen Straßenseite rund 600 Meter folgt, gelangt zum Rolavský-Teich, der einst als Wasserspeicher für die Aufbereitungsanlage angelegt wurde. Heute ist er ein wichtiger Lebensraum für viele Arten und ein landschaftlich schön gelegenes Gewässer, dessen Ufer zum Picknicken einlädt. Am Wegesrand werden im Frühsommer außerdem Heidelbeersammler glücklich. Aus Naturschutzgründen ist der Rest des Gebiets nicht zugänglich. Es sollte auch darauf verzichtet werden, die Wege zu verlassen.

Eine zweite, kleinere Erzaufbereitungsanlage stand bei Frühbuß (Přebuz).

Am Plattenberg sind durch den Bergbau tiefe Gänge entstanden. Die Pingen sind ein lohnendes Ausflugsziel.

30

BERÜHMTE KÄLTE

In den Tiefen der Eispinge von Horní Blatná

Kalt und dunkel ist es an diesem Ort am Plattenberg oft das ganze Jahr lang. Das kann ganz erfrischend sein – und hat in der Geschichte Sachsens eine wichtige Rolle gespielt.

Horní Blatná, Region Karlsbad, Tschechien
Ort Eispinge, Havířská, 362 35 Bergstadt Platten, Tschechien
GPS 50.39967515395239, 12.779053598617875
Anfahrt Mit dem Auto über den Grenzübergang Johanngeorgenstadt-Breitenbach (Potůčky) nach Platten via S221, Parken an der Kirche

KEIN KAVALIERSDELIKT Es klingt wie eine urbane Legende, ist aber 2005 passiert. Ein Radiosender aus Sachsen schrieb einen Wettbewerb aus: Wer baut uns im Hochsommer einen Schneemann? Eine Gruppe Deutscher hatte eine zündende Idee. Den sicheren Gewinn bereits vor Augen, fuhren sie ins benachbarte Tschechien, um aus einer Höhle Schnee zu holen und im Kofferraum zum Rundfunksender zu transportieren. So weit, so clever? Leider haben sie nicht irgendwelchen Schnee gefunden, sondern ein Vorkommen ausgenutzt, das normalerweise ungestört in der sogenannten Eispinge lagert – und seit 1975 unter Naturschutz steht. Und sie wurden dabei ertappt. Darüber berichtete 2006 die Deutsche Presse-Agentur. Für die Beschädigung des Naturdenkmals wurden die Eisdiebe zur Zahlung vierstelliger Bußgelder verdonnert. Fünf, sechs Jahre könne es dauern, bis die Eismenge in der Klamm bei Horní Blatná wieder auf das gleiche Maß angewachsen sei, schätzte damals ein tschechischer Umweltschützer ein. Tatsächlich war die Eispinge 2007 erstmals eisfrei, auch wenn der Einfluss des Eisdiebstahls nicht zu beweisen ist. Also: Nicht nachmachen!

DER KÜHLSCHRANK DER NATUR Dass den Sachsen die Eispinge als sichere Quelle für Gefrorenes mitten im Hochsommer eingefallen ist, ist wiederum nicht verwunderlich. Sieht man einmal von den unzähligen Bergwerken ab, ist dies wohl einer der dunkelsten und kältesten Orte im Erzgebirge – und dass dort deshalb Schnee auch noch lange nach dem Winter zu finden ist, kein Geheimnis. »Abkühlung gefällig? Natürliche Kühlkammer im Erzgebirge bietet 8° C«, warb das Wochenblatt *Blick* während einer Hitzewelle 2019 für einen Besuch der Eispinge. Aber warum ist es dort am Hang des Blatenský vrch, des Plattenbergs, so kalt? Neben der Höhenlage spielt dabei die Besonderheit dieser Pinge mit rein. Eine Pinge oder Binge bezeichnet in der Fachsprache der Bergleute eine durch Bergbauarbeiten entstandene Vertiefung an der Oberfläche: »Pingen sind Gruben und Löcher von alten eingegangenen Schächten«, hieß es im *Mineral- und Bergwerks-Lexicon* von 1784, also das Ergebnis eines Stollen-Einbruchs. Im *Grimmschen Wörterbuch* aus der Mitte des 19. Jahrhunderts wird die Definition ergänzt um »eine bergmännisch hergestellte vertiefung zum zwecke des abbaues«, also eine Art Tagebau. Um eine solche Pinge handelt es sich hier: Nachdem Anfang des 16. Jahrhunderts Zinnvorkommen in der Region entdeckt worden waren, wurde 1534 die spätere Bergstadt Platten gegründet und am Platten-

Beim Abstieg in die Eispinge sollte man Vorsicht walten lassen.

berg zunächst von der Oberfläche aus den Zinngängen in die Tiefe gefolgt. Zu den größten Gruben entwickelten sich die Gänge Wolfgang und Georg, die heute als Wolfspinge und Eispinge bekannt sind. Beide sind etwa 20 Meter tief, aber die herausgehauene Felsenschlucht der Eispinge ist zudem sehr eng. Die Luftzirkulation ist darin so gering, dass es an ihrem Grund immer kühl bleibt und somit Schnee und Eis erhalten bleiben – ähnlich wie Höhleneis. Normalerweise findet man es in den Alpen, wo zwischen 1400 und 2000 Höhenmetern die günstigsten Bedingungen dafür vorherrschen.

EIS AUF DIE WUNDEN Als letzte Reserve, die den Sommer überdauert, ist es tatsächlich mindestens einmal zum Einsatz gekommen und gehört auch deshalb als Ort mit dunkler Vergangenheit in dieses Buch: Laut Überlieferung wurden 1813 sechs Fuhren Eis aus der Eispinge geholt, um sie zu den Verwundeten der Völkerschlacht – und ihnen damit etwas Erleichterung – zu bringen. Diese kriegerische Auseinandersetzung bei Leipzig galt bis zum Ersten Weltkrieg als größte Schlacht der Menschheitsgeschichte. Vom 16. bis 19. Oktober kämpften Soldaten aus Russland, Preußen, Österreich und Schweden gegen die von Napoleon Bonaparte geführten Franzosen, was in einer Niederlage Napoleons endete. Der »Erfolg« dieses Befreiungskriegs hatte jedoch einen hohen Preis. Von den rund 600 000 Soldaten wurden um die 90 000 getötet oder erlagen wenig später ihren Verletzungen. »Unsere Hülfsquellen sind erschöpft und wir haben jetzt eine ungeheure Menge Kranker und

↓ Das Beweisbild: Höhleneis im Sommer

↘ Der Abzweig verschwindet beinahe in der Erde.

Verwundeter zu versorgen. Wir sehen vor unsern Augen viele Tausend Bewohner der umliegenden Flecken und Dörfer, ohne Obdach, all des Ihrigen beraubt, mit ihren Familien fast Hungers sterben«, so berichteten (verkürzt) Kaufleute aus Leipzig nach England, um um finanzielle Hilfe zu bitten. Die Kirchen dienten als Notlazarette, doch der Mangel an Hygiene, Ärzten und Material sowie eine Typhus-Epidemie in der Folge kosteten auch nach der Schlacht noch tausende Menschenleben.

KEINE EINFACHE AUFGABE Von den Kriegsverletzungen jener Zeit und insbesondere vom Sanitätsdienst 1813 erzählt eine anlässlich 200 Jahre Völkerschlacht 2013 neu gestaltete Ausstellung in Seiffertshain südöstlich von Leipzig: Das Sanitäts- und Lazarettmuseum ist in der Hauptsaison jeden Sonntag 13 bis 17 Uhr geöffnet. Nicht vom Plattenberg, aber vom rund 13 Kilometer entfernten und fast 200 Meter höheren Fichtelberg ist es an klaren Tagen möglich, das zur Erinnerung an die Völkerschlacht gebaute Denkmal in Leipzig zu erspähen. So gewinnt man einen ungefähren Eindruck, welche Distanz das Eis überstehen musste, um zu den Verwundeten zu gelangen. Dem heutigen Straßenverlauf folgend wären das rund 140 Kilometer.

Wolfspinge und Plattenberg

Wie die Eispinge gehört auch die Wolfspinge zu den Zeugnissen des Zinnerzabbaus am Plattenberg, wegen denen die Bergbaulandschaft Horní Blatná Teil des UNESCO Weltkulturerbes geworden ist. Wer sich beide anschauen will, kann sie zum Beispiel auf dem Lehrpfad Horní Blatná – Vlčí jámy erreichen, der als 5 Kilometer langer Rundweg angelegt ist. Er beginnt und endet am Kirchplatz, wo die erste von sieben Infotafeln steht. Dem gelben Zeichen folgend, geht es zum Plattner Kunstgraben (Blatenský příkop, 16. Jh.) und auf den Plattenberg. Auf dem Berg (1043 Meter) steht ein mehr als 100 Jahre alter Aussichtsturm (im Sommer täglich 10–17 Uhr, Nov.–April nur am Wochenende oder bei gutem Wetter geöffnet, ebenso der Imbiss daneben). Vom Gipfel sind es nur ein paar hundert Meter hinab zu den Pingen. Eine steile Treppe führt in die Tiefen der Eispinge. Die beeindruckende Wolfspinge wenig später erinnert aufgrund ihrer Breite von bis zu 15 Metern an einen Canyon. Sie ist 120 Meter lang und am oberen und unteren Ende gibt es Aussichtspunkte. Vom Betreten wird aufgrund der Steinschlaggefahr abgeraten. Von den Pingen geht es bergab zurück zur Stadt und zum Heimatmuseum (Hausnummer 127, Mi, Do, Fr, Sa, So 12–16 Uhr).

Die Wolfspinge erinnert an einen Canyon, aber sie entstand nicht durch Erosion.

31

ZURÜCK ZUM SILBERGLANZ?

Im Radon-Kurbad Jáchymov

Im ehemaligen Sankt Joachimsthal ist an einigen Stellen die Zeit stehen geblieben. Doch selbst im Verfall erinnern die Altstadthäuser an bessere, besondere Zeiten.

Jáchymov/Sankt Joachimsthal, Bezirk Karlsbad, Tschechien

Ort Altstadt, nám. Republiky 8 362 51 Jáchymov
GPS 50.37170391454235, 12.913855268604411

Ort Mühle, Karlovarská 410, 362 51 Jáchymov **GPS** 50.35138149322886, 12.93169054971042

Anfahrt Mit dem Auto B95 nach Oberwiesenthal, über den Grenzübergang nach Boží Dar/Gottesgab, auf der S25 nach St. Joachimsthal, weiter Richtung Ostrov zur Mühle

Zwischen Verfall und Restauration: Nr. 133 geht es wie vielen am Platz der Republik. Nach dem Leerstand ist viel zu tun.

In Nr. 134, einem Haus aus der Renaissance, befand sich ein Lebensmittelmarkt.

IM SCHATTEN Zwei Kurstädte, keine 20 Kilometer voneinander entfernt, und doch trennen Karlovy Vary (Karlsbad) und Jáchymov (Sankt Joachimsthal) Welten. Während man an der Promenade in Karlovy Vary in prächtiger Kulisse Luxusgegenstände, Souvenirs und Waffeln kaufen oder zum Essen einkehren kann, schien die Hauptstraße von Jáchymov für lange Zeit ganz in Vergessenheit geraten zu sein. Leer stehende Häuser, bröckelnder Putz, geschlossene Geschäfte und keine Menschenseele weit und breit luden nicht gerade zum Flanieren ein. Doch nun ist die Kleinstadt Bestandteil der Montanregion Erzgebirge/Krušnohoří, die 2019 in die UNESCO Weltkulturerbeliste aufgenommen wurde. Jáchymov – und zwar ausdrücklich die Altstadt und die Bergbaulandschaft – ist einer der 22 Orte, die die universell außergewöhnliche Bedeutung der durch Bergbau geprägten Region zeigen. Es kann also sein, dass es mit dem Charme des Kaputten bald vorbei ist. Immer mehr Gebäude werden nun restauriert und auch der Platz der Republik vor dem Rathaus wurde bereits neu gestaltet.

VERFALL AN DER HAUPTSTRASSE Fans von alten Fassaden – und wir sprechen hier teilweise von Bürgerhäusern aus der Renaissance! – und verblassenden Werbeschildern kommen aber immer noch auf ihre Kosten. Wer in der Nähe vom Rathaus parkt, einem nicht zu übersehenden Prunkbau mit Turm neben der großen Joachimskirche, findet im unmittelbaren Umkreis mehrere leer stehende Wohnhäuser mit zum Teil aufwendig verzierten Fassaden und Hinweisschildern auf ihre Erbauer. Auch ein Überbleibsel von einem düsteren Ort ist ins Stadtzentrum gerückt: Neben dem Museum hinter dem Rathaus steht die Passionssäule, die ursprünglich an der Hinrichtungsstätte der Stadt gestanden hat. Das Denkmal aus Granit und Sandstein wurde 1731 auf einem Hügel südöstlich von Joachimsthal in der Nähe der inzwischen verschwundenen Siedlung Arnoldov errichtet. Die nur noch undeutlich sichtbaren Reliefs zeigten einst unter anderem eine Kreuzigungsszene sowie ein Madonnenbild.

DIE WICHTIGSTEN HAUSNUMMERN Zu den besonders erwähnenswerten Häusern gehört die Nummer 8 unterhalb des Rathauses. Es stammt von 1520 und wird dem Stadtgründer Stephan Schlick zugeschrieben. Mit seiner gelben Fassade und dem spätgotischen Eingang weiß es trotz seines aktuellen Zustands zu beeindrucken. Auf der anderen Straßenseite, das dritte Haus rechter Hand, steht noch ein Gebäude aus dem gleichen Jahr. Die Nummer 143 soll damals dem Münzmeister und Berghauptmann Heinrich von Könneritz gehört haben und gilt als bedeutendes Beispiel für Spätgotik in Böhmen. Mit der schmalen Gasse daneben und den gewölbten Fenstern im Erdgeschoss würde es auch gut in ein mediterranes Städtchen passen. Die Straße aufwärts trifft man nach der Baulücke – einige Gebäude haben den langen Leerstand nicht überstanden – auf das Haus mit der Nummer 134, das im Renaissancestil erbaut, aber im 19. Jahrhundert nach einem Brand rekonstruiert wurde. Die Farbreste an der Fassade sowie die unleserlichen Aufschriften sorgen für ein aus der Zeit gefallenes Fotomotiv. Ein Spaziergang bergab führt an weiteren leeren, aber auch renovierten Häusern vorbei zum Kurzentrum mit Hotels, Kurpark und neuem Spielplatz.

IM MÜHLENTAL Im Süden des Ortes, der sich großteils entlang der Straße im Tal erstreckt, zwischen Kurpark und Radium Palace, trifft man auf den Jáchymovský potok – den Joachimsthaler Bach. Vom Ortseingang im Norden bis hier verlief er unterirdisch. Vom Ortsausgang bis nach Horní Žďár trieb er einst zahlreiche verschiedene Mühlen an. Eine davon, die Petterův mlýn (Pettermühle), ist heute ein klassischer Lost Place: zugewachsen, mit eingestürztem Dach und oft übersehen. Dabei handelt es sich laut Denkmalkatalog des Nationalen Denkmalinstituts um eine Wassermühle von 1532 und damit die älteste in Tschechien! Sie wurde im 19. Jahrhundert modernisiert und erweitert und zuletzt als Kunststoffverarbeitungsbetrieb genutzt, bis dieser pleite ging. Seither verfallen die Gebäude. Ins ehemalige Mlýnské údolí, das Mühlental, gelangt man südlich vom Radium Palace auf dem unteren Waldweg, der bis Horní Žďár (Oberbrand) führt. Nach rund 1 Kilometer – kurz nach dem Platz mit dem alten Schuppen und dem Entwässerungsstollen der Grube Einigkeit – trifft man auf die Ruinen der Pettermühle. Scharf links gelangt man auf einem zugewachsenen Weg zum ehemaligen Mühlgraben und zur Straße. Aufgrund ihres Zustands ist die Pettermühle selbst nicht zugänglich, aber das Gelände ist durch den Wald oder über Brücken von der Straßenseite aus erreichbar. Pläne der Stadt, die baufälligen Gebäudeteile abzutragen und nur den fast 500 Jahre alten Kern zu erhalten, wurden bislang nicht in die Tat umgesetzt.

GLANZZEIT DER RENAISSANCE Die Mühle und die im spätgotischen oder Renaissancestil erbauten Gebäude der Altstadt stammen aus der Blütezeit von Jáchymov, dem 16. Jahrhundert. Wer den Anblick der letzten Jahrzehnte kennt, dem fällt es vermutlich schwer zu glauben, dass das Städtchen damals von internationaler Bedeutung war: als Silberbergbaugebiet. Innerhalb kürzester Zeit lockten die Silberfunde zahlreiche Menschen an, sodass aus der Siedlung eine Kleinstadt mit über 18 000 Einwohnern wurde, die freie Bergstadt Sankt Joachimsthal. Hier wurde ab 1520 der Silberthaler geprägt, der zum Namensgeber für den amerikanischen Dollar werden sollte. Hier wirkte Georgius Agricola als Stadtarzt, der mit seinen Schriften die Grundlagenwerke für Geologie, Mineralogie und Bergbaukunde seiner Zeit schuf.

EIN TEURES ELEMENT Später gewann die Stadt wieder an Bedeutung durch das hier erstmals ab 1840 abgebaute Uranerz. Die Wissenschaftlerin und spätere Nobelpreisträgerin Marie Curie besuchte die Stadt nicht nur, es gelang ihr auch, aus der in Joachimsthal abgebauten Pechblende Radium zu isolieren. Nach dem Fund einer radioaktiven Quelle wurde 1906 das erste Radon-Kurbad der Welt eröffnet. Das Uranvorkommen trug indes auch zu den dunkelsten Kapiteln bei: Nach dem Zweiten Weltkrieg war es mit der Glanzzeit erst mal vorbei. Die Sowjetunion ließ bis in die 1960er-Jahre das begehrte Uranerz von Zwangsarbeitern abbauen, die in Arbeitslagern hausen und unter gefährlichen Bedingungen Untertage für die Bestückung der Atombomben arbeiten mussten. 16 Gedenksteine vor der Kirche sowie ein Lehrpfad erinnern an die Arbeitslager. Aufgrund seiner einzigartigen Rolle in der Entwicklung des

↑ Der Mühlgraben verrät sie: die Pettermühle
↗ Ab 1532 wurde sie laufend erweitert.

Bergbaus und im Finanzwesen wurde Jáchymov nun zum elementaren Bestandteil der Montanregion Erzgebirge gewählt. Es ist mehr als verdient, wenn der beinahe verfallene Ort trotz dunkler Vergangenheit in neuem Glanz erstrahlt – seine Geschichte, seine Lage am Fuß des Keilbergs sowie die Bedeutung als Radium-Kurbad machen ihn ideal für einen Urlaubsort. Das könnte für interessante Vorher-Nachher-Fotos sorgen.

Museen und virtuelle Stadtführer

Mit der Geschichte der Stadt, des Bergbaus und der Münzprägung beschäftigt sich das Museum in der Königlichen Münze hinter dem Rathaus, das im Sommer dienstags bis sonntags geöffnet ist und über Beschriftungen auf Deutsch verfügt. Einen Einblick Untertage bekommt man ganz in der Nähe: Führungen werden in der Grube Svornost (Einigkeit) angeboten, die beim Silber- und beim Uranerzabbau von zentraler Bedeutung war. Besichtigt wird dabei der Stollen 1, ein Erkundungstunnel aus den 1950er-Jahren, der in der Nähe des weithin sichtbaren Förderturms liegt. Wer virtuell ins historische Joachimsthal eintauchen möchte, kann das mithilfe einer App tun: *Lebendiges Erzgebirge* liegt für Android- und Apple-Geräte vor und lädt mithilfe von Videos und 3D-Visualisierungen ein, Sankt Joachimsthal und andere Orte im Grenzgebiet neu zu entdecken. Da sie große Datenmengen benötigt, ist es sinnvoll, die Dateien vor der Tour herunterzuladen (Die App und ein Video-Tutorial gibt es unter: www.zivehory.cz/app).

Dorfplatz zwischen grünen Hügeln: Königsmühle muss idyllisch gewesen sein – und wird es nach seinem Verschwinden wieder.

32

VON KUNST BELEBT

Das verlassene Dorf Königsmühle

In der herrlichen Hügellandschaft des Erzgebirgskamms hat ein ganzes Dorf – notgedrungen – 66 Jahre verschlafen. Der Hintergrund ist traurig, aber die Gegenwart versöhnt.

Háj/Stolzenhain, Gemeinde Loučná pod Klínovcem/Böhmisch Wiesenthal, Bezirk Chomutov, Tschechien

Ort Königsmühle, in der Nähe der 223, 43186 Loučná pod Klínovcem **GPS** 50.409403844188496, 13.010613222280059

Ort Kalkwerk, Loučná pod Klínovcem 89 **GPS** 50.425443426200125, 13.024793687135702

Anfahrt Mit dem Auto B95 nach Oberwiesenthal, Grenzübergang Boží Dar, Kreisverkehr links auf S219, nach dem Skiresort links nach Háj, am Ortsausgang Wanderparkplatz, 1,5 km weiter nächster Wanderparkplatz am Kalkwerk

RUINEN AUS DEM BILDERBUCH Es gab eine Zeit, da führte eine Handelsstraße durch das Dorf Königsmühle an der deutsch-tschechischen Grenze. Erz, Holz und Getreide wurden aus Böhmen nach Sachsen gebracht, wobei das Getreide erst noch in Königsmühle gemahlen und in Säcke verpackt wurde. Außer der Mühle gab es fünf Wohnhäuser und bis zu 53 Bewohner. Heute stehen auf der Lichtung nur noch Ruinen, eine neue Straße führt weit an Königsmühle vorbei, und die alte Straße ist zu einem Hohlweg eingesunken, auf dem keine Fuhrwerke mehr fahren, eingerahmt von knorrigen Vogelbeerbäumen.

DIE LETZTEN BEWOHNER Königsmühle ist eines von mehr als 1000 (andere Quellen sprechen von 3000) Dörfern, die vor allem entlang der tschechischen Grenze nach der Vertreibung der Sudetendeutschen verschwunden sind. Nach den sogenannten Beneš-Dekreten des damaligen Präsidenten wurden 1945 und 1946 beinahe drei Millionen Deutsche enteignet und zum Teil gewaltsam vertrieben – auch die Einwohner von Königsmühle. Darunter: Rosemarie Ernst, die darüber im Buch *Eine Reise in meine Kindheit* berichtet und deren ehemaliges Wohnhaus das erste ist, was man sieht, wenn man von Háj (ehemals Stolzenhain) durch den Hohlweg oder über die Felder nach Königsmühle kommt. Die Grundmauern stehen noch, und der Blick auf Hügel, Wiesen und Wälder ist vermutlich auch der gleiche geblieben. Das Dorfleben aber ist verschwunden.

VERFALL UND NEUES LEBEN In der Nachkriegszeit nutzten die tschechischen Anwohner das übrig gebliebene Baumaterial, weshalb nur steinerne Ruinen die Zeit überdauerten – keine Türen, Fenster, Dächer ... Auf einer Bergwiese, anderthalb Kilometer von Háj entfernt und nur zu Fuß erreichbar, fielen die Häuser langsam, aber sicher in Vergessenheit, nur gelegentlich von Wanderern besucht. Bis 2011 eine Reisegruppe mit Interesse an den verschwundenen Dörfern herkam. Mit dabei: Rosemarie Ernst, die aus ihrer Familiengeschichte erzählte, und Petr Mikšíček, ein tschechischer Filmemacher, Fotograf und Autor, der sein Land und insbesondere das böhmische Erzgebirge wie seine Westentasche kannte, aber noch nie da war. »Ich bin begeistert von der Energie des Ortes und allem, was da ist«, sagte er im Gespräch. Königsmühle hatte es ihm angetan: 2012 organisierte er das erste Land-Art-Festival vor Ort, das seither jährlich für ein Sommerwochenende Künstler und Besucher anlockt und seine Spuren zwischen den Ruinen und im angrenzenden Wald hinterlässt.

NATURMATERIALIEN UND FANTASIE Nun schauen hölzerne Hände aus dem Bächlein, an einem Haus hängt Wäsche auf der Leine, als wären die Bewohner noch da, auf der Wiese stehen Skulpturen und Möbel. Alles

Nur die Wände sind von den Wohnhäusern stehen geblieben.

hat den Charme des Selbstgemachten, Improvisierten und auch Vergänglichen. Denn das Holz verwittert und verfällt und passt somit gut nach Königsmühle. Harmonie zwischen Kunst und Natur ist dem Verein Dokrajin, der sich mit Mikšíček um das Gelände und das Festival kümmert, wichtig. Sie arbeiten eng mit dem Staatsforst zusammen, dem eine Hälfte Königsmühles gehört, und nehmen gerne Helfer auf, zum Beispiel für den jährlichen Frühjahrsputz. An die Besucher appellieren sie, alles sauber zu halten, den Müll wieder mitzunehmen und die Notstube für Wanderer als solche zu nutzen. In einer Ruine gibt es nämlich einen trockenen Raum, in den man bei Regen flüchten kann. Die Teilnehmenden des Land-Art-Festivals und der Verein haben etwas Einmaliges geschaffen: Aus dem verlassenen Dorf mit der bitteren Geschichte ist ein Ort der Begegnung geworden. Deutsche wie Tschechen wandern nach Königsmühle, um die Kunstwerke zu bestaunen, die Landschaft zu genießen und Fotos von den Ruinen zu schießen. Um Bilder mit einer besonderen – und einsameren – Atmosphäre zu bekommen, lohnt es sich auch mal, bei Nebel, trübem Wetter oder in der Dämmerung herzukommen. Zu jeder Zeit aber erzählen die Mauern mehr als eine Geschichte.

DAS KALKWERK ZWISCHEN HÁJ UND KOVÁŘSKÁ Fast 100 Jahre hat es im Dornröschenschlaf verbracht – das ehemalige Kalkwerk des Grafen Buquoy. Die Anlage mit Steinbruch und Kalkofen liegt einsam im Wald zwischen Háj und Schmiedeberg, heute Kovářská. Im 19. Jahrhundert erbaut, tat das Kalkwerk bis in die 1920er-Jahre für die Adelsfamilie seinen Dienst. Das Gestein für die Kalkbrennerei, der Dolomitmarmor, wurde in einem Steinbruch gleich dahinter

↓ Vor allem Holzkunst ziert die Landschaft.
↘ Auch der Verfall gibt schöne Motive her.

abgebaut. Doch der Weiterbetrieb scheiterte an der Unwirtschaftlichkeit. Seitdem waren die beiden Schachtöfen und sonstigen Gebäude sich selbst überlassen. Bis das Kalkwerk neben jenem in Lengefeld 2019 zu einem assoziierten Objekt des erzgebirgischen Weltkulturerbes erklärt wurde, also einem wichtigen Zeugen der Bergbautradition. 2020 wurden die Ruinen der Kalköfen befestigt und sind nun im Rahmen von Führungen zugänglich. Gleichzeitig zeigen andere Gebäude ringsum nach wie vor, was 100 Jahre ohne Eingriff bedeuten. So wächst in einem Haus im Wald unterhalb der Kalköfen ein Baum quasi mitten im »Wohnzimmer«. Die Böden im Wohnhaus schräg gegenüber der Anlage sind an vielen Stellen schon eingebrochen – es wird wohl nicht mehr lange stehen.

NEUE WANDERTOUR Das Kalkwerk und Königsmühle kann man mit einer Wanderung verbinden. Der Wanderweg wird aktuell (2022) ausgebaut. Vor Abschluss der Bauarbeiten ist also mit aufgewühlten Wegen zu rechnen. Eine kurze Variante führt vom Wanderparkplatz kurz nach dem Ortsausgang von Háj Richtung Kovářská durch den Wald ins Tal des Schwarzwassers, einen kurzen Anstieg zum Kalkwerk hinauf, dann oberhalb vom Bach nach Königsmühle und von dort über das Feld und schließlich durch den Ort Háj zurück. Sie ist etwa 7 Kilometer lang. Das ist nur eine Hälfte der Route »Böhmisch Wiesenthal« (*Loučná pod Klínovcem*), die in der App *Lebendiges Erzgebirge* und auf Schildern vor Ort vorgeschlagen wird. Diese startet auf dem großen Parkplatz am Skigebiet des Keilbergs und ist insgesamt rund 14 Kilometer lang. Die App (siehe auch Kapitel 31) hält für viele Orte entlang der Strecke Videos oder Sequenzen mit erweiterter Realität bereit und wurde ebenfalls von Petr Mikšíček und Antikomplex realisiert.

Die Kalköfen wurden gesichert, weitere Ruinen stehen ringsum.

Das Bergdorf

Gute und günstige traditionelle tschechische Küche mit Knödeln, eingelegtem Hermelin-Käse oder Pfannkuchen aus Sauerteig und natürlich ein kaltes *pivo* (Bier) bekommt man nach der Wanderung im Horský Hotel (Berghotel) und Restaurant Arnica. Es liegt auf der anderen Seite des grünen Hügels, nur 1 Kilometer von Königsmühle entfernt – gleich rechts, nachdem der Feldweg in Háj eintrifft. Dieses Bergdorf hat viele, auch schickere Unterkünfte zu bieten, hat sich aber trotzdem seinen gemütlichen, traditionellen Charme erhalten. Fichtelberg und Keilberg, die jeweils höchsten Gipfel des deutschen und tschechischen Erzgebirges, sind nur einen Katzensprung entfernt und fast von überall sichtbar.

33

DAS DORF FLÁJE IST GESCHICHTE

Statt Touristen kamen Bauarbeiter

In dieser Siedlung im böhmischen Erzgebirge lebt schon lange niemand mehr. Jetzt pilgern trotzdem wieder mehr Menschen in diese Gegend. Ob die Einwohnerzahl elf übersteigen kann?

Český Jiřetín (deutsch Georgendorf), Region Ústecký, Tschechien
Ort Fláje (Fleyh), 436 01 Český Jiřetín-Litvínov 1 **GPS** 50.684163, 13.611297
Anfahrt B171 nach Clausnitz/Rechenberg-Bienenmühle, abbiegen Richtung Neuhausen, Dorfstraße folgen, im Wald rechts nach Deutschgeorgenthal, links über die Brücke nach Český Jiřetín, 2545 Richtung Litvinov, links abbiegen nach Fláje, großer Parkplatz an der Staumauer

Kirche, Schule, mehrere Gasthäuser und Geschäfte: Dieses Erzgebirgsdorf hätte eine Zukunft haben können.

Nicht nur Steine blieben von Fláje und seinen Bewohnern.

WILLKOMMEN IN DER SOMMERFRISCHE Heutzutage hätte Fláje eine Toplage: Die Häuser stünden am sanften Hang, mit Blick aufs Wasser und in der ruhigen Umgebung des Waldes, weitab vom Trubel der Welt. Auch Touristen würden die Lage nahe des Erzgebirgskamms sicherlich schätzen – und die Rad- und Wanderwege direkt vor der Tür. Doch Fláje ist Geschichte. Und der Grund dafür ist das Wasser: Um Trinkwasser für die Region Ústí nad Labem zu speichern, musste das Dorf einer Talsperre weichen, die nun rund 154.000 Menschen mit Wasser versorgt. 1346 erstmals urkundlich erwähnt, erlebte Fláje (deutsch Fleyh) vor rund hundert Jahren seine Blütezeit. Fast 1100 Einwohner wurden 1921 in der Gemeinde samt Ortsteilen gezählt. Eine Karte von 1902 zeigt, wie sich die Ortschaft entlang des »Fleyhbachs« erstreckte, an beiden Ufern und entlang der Straße, die ihn kreuzt. Ein Prospekt von 1931 schwärmte von dem »schmucken Gebirgsdorf« auf 750 Metern Seehöhe, von den Annehmlichkeiten in den Gasthöfen und vom neu errichteten Sporthotel mit Zentralheizung. Mehrere Gasthäuser boten darin ihre »reichliche Küche« und »saubere Fremdenzimmer« an. Mit den Schlagworten »Sommerfrische und Wintersportplatz« wurde Fleyh auf Postkarten angepriesen. Fotos zeigen einen idyllischen Ort zwischen bewaldeten Hügeln, umgeben von Feldern und Wiesen, mit zwei- bis dreistöckigen Gebäuden und einer hölzernen Kirche am Dorfplatz, von dem aus eine Brücke über den Bach führt. Auch elektrisches Licht gab es – anders als in der Umgebung – bereits. Doch schon vor dem Talsperrenbau, nach dem Zweiten Weltkrieg, begann der Niedergang mit der Vertreibung der Deutschböhmen aus dem Dorf. 1950 sollen nur noch 192 Menschen in Fláje gewohnt haben. 1951 wurden die Bauarbeiten für die Talsperre aufgenommen, in deren Zuge die restlichen Einwohner umgesiedelt und die Häuser aufgrund ihrer Tallage bis auf eins abgerissen wurden. 1963 war der Staudamm fertiggestellt, ein Koloss aus Beton mit einer fast 460 Meter langen Dammkrone. Nur die Holzkirche aus dem 17. Jahrhundert wurde gerettet und 1969 in das benachbarte Český Jiřetín versetzt – es soll die letzte ihrer Art im Erzgebirge sein.

WENN STEINE ERZÄHLEN Heute stehen nur noch die Grundmauern der einst blühenden Ortschaft, die unter anderem den berühmten Pop-Art-Künstler Walter Gaudnek hervorgebracht hat. Geröll und Ziegelsteine

Mehr als 40 Jahre wurden Forstmechaniker und Förster in Fláje ausgebildet. Die Lehrlinge lebten neben der Schule. Seit 2008 steht sie leer.

erinnern an den Abbruch der Gebäude, zerbrochene und verrostete Gegenstände an seine Bewohner. Die Vegetation überwuchert die Reste zusehends. Deutlich zu erkennen sind die befestigten Umrisse der Kirche. Die Statue des Heiligen St. Johannes Nepomuk Richtung Ufer war einst ein prägnantes Denkmal im Ort und wurde 2015 durch Heimatsvereine erneuert und geweiht, nachdem das Original in der Nachkriegszeit zerstört worden war. Sie dient nun als Erinnerungsort für die Familien, deren Geschichte mit Fleyh verbunden ist. Bei Niedrigwasser ist zudem die Brücke zu sehen, die einst den Bach querte. Aber Achtung: Am Ufer der Talsperre wurde eine Schutzzone zum Schutz der Trinkwasserquelle mit Schildern ausgewiesen.Das Betreten ist streng verboten und strafbar. Die Talsperrenbehörde verweist darauf, dass nur in Ausnahmefällen eine Genehmigung zum Betreten erteilt werden kann. Der Stausee versorgt eine große Region mit Trinkwasser und es ist daher sehr wichtig, dieses Betretungsverbot zu respektieren, so die Behörde.

LEERSTAND IN NEU-FLÁJE Wer von der Staumauer über den Abfluss zurückblickt, sieht Neubauten am Berghang, die der Wald neben der Zufahrtsstraße gut verdeckt hatte. Sie wurden als Unterkunft für die Bauarbeiter der Talsperre errichtet, die immerhin 12 Jahre in dem abgelegenen Tal im Einsatz waren. Ab 1962 wurden die Gebäude als forstwirtschaftliche Berufsschule mit Lehrlingsheim weiter genutzt. Zwischenzeitlich stieg also die Bewohnerzahl wieder leicht an. Doch 2008 war auch die Berufsfachschule Geschichte. Einen Film über die Förster- und Forstwirtschaftsmechanikerausbildung in Fláje hat »MiRo film« vor Ort gedreht, die Doku ist auf ihrem Youtube-Kanale verfügbar (auf Tschechisch). Zuletzt wurde in Fláje ein knappes Dutzend Einwohner gezählt. Aber nun gehören die Gebäude einer Firma, die Baupläne verfolgt – vielleicht nicht nur für Touristen, weiß Michal Kolínský von MiRo film.

ZU FUSS ODER RAD Lange Zeit ein ruhiges Wanderziel im tschechischen Erzgebirge, lockt die Fláje-Talsperre wieder mehr Ausflügler mit Motorrad, Fahrrad oder zum Wandern an – die »Sommerfrische und der Wintersportplatz« sind zurück, könnte man sagen. 2019 wurde im Rahmen eines sächsisch-tschechischen Förderprogramms ein Informationszentrum samt Toiletten und eine Aussichtsplattform an der Staumauer eröffnet. 2023 folgte ein gemütliches Bistro mit Terrasse und großem Spielplatz sowie einem Imbiss am Parkplatz, dem auch der tschechische Präsident schon einen Besuch abgestattet haben soll. An der Staumauer beginnt ein Lehrpfad zu Natur, Bauwerk und Geschichte des Ortes, zu dem man Begleitmaterial im Infozentrum erhält. Er führt gegen den Uhrzeigersinn um die Talsperre sowie weiter nach Český Jiřetín (Georgendorf) und zur deutschen Grenze bei Deutschgeorgenthal. Inklusive dem Weg zurück zum Parkplatz schlägt dieser Rundweg mit fast 20 Kilometern zu Buche. Reichlich zehn Kilometer muss man einplanen, wenn man nur die Talsperre umrunden und dem alten Fláje einen Besuch abstatten will. Der Abzweig zum ehemaligen Dorf ist dabei rund zwei Kilometer vom Informationszentrum entfernt, die man auch gut mit dem Fahrrad zurücklegen kann. Radrouten verbinden Fláje unter anderem auch mit der Rauschenbachtalsperre auf der deutschen Seite der Grenze.

Die Neugrabenflöße

Als im 16. Jahrhundert der Hunger der Hüttenwerke in Freiberg nach Brennstoff nicht mehr ausreichend in heimischen Wäldern gestillt werden konnte, kam die Idee auf, Bäume aus den tschechischen Wäldern über Kanäle heranzuholen. Nach Erkundungen richtete sich der Fokus auf Fláje und den gleichnamigen Fluss (auf deutscher Seite die Flöha). Bis 1629 war das schwierige Vorhaben umgesetzt und von Fláje bis zur Freiberger Mulde in Clausnitz ein Kanal gebaut worden. So konnte das Holz in 1,27 Meter langen Stücken bis Freiberg transportiert werden. Um die damalige Vermessungs- und Baukunst zu würdigen, wurde 2013 ein grenzüberschreitender Naturlehrpfad entlang des Kanals eröffnet, der knapp 23 Kilometer lang ist. Abschnitte lassen sich jedoch auch mit einer Rundtour verbinden, die an der Talsperre beginnt. Der Weg beginnt an der Straße ein paar hundert Meter vor der Staumauer. (Route: www.rechenberg-holzhau.de/wandern.html)

Die Grundmauern einiger Gebäude sind noch deutlich zu erkennen, vor allem bei einem Besuch im Frühjahr – bevor die Vegetation sie zuwuchert.

Über die Fuchsbrunnbrücke ist seit 1947 kein Zug mehr gefahren (Kapitel 11).

Peter Rehr schuf die Eulen 2008,
die Ruine ist rund 500 Jahre älter (Kapitel 15).

REGISTER

IMPRESSUM

Verantwortlich: Claudia Hohdorf
Lektorat: Franka Virteburch
Korrektorat: Eva Ebenhoch
Satz: BUCHFLINK Rüdiger Wagner
Layout- und Reihengestaltung: Mathias Frisch
Covergestaltung: Rudi Stix
Kartografie: Bruckmann Verlag GmbH, Heidi Schmalfuß
Repro: LUDWIG:media
Herstellung: Alexander Knoll
Printed in Poland by CGS Printing

★★★★★

Sind Sie mit diesem Titel zufrieden? Dann würden wir uns über Ihre Weiterempfehlung freuen.
Erzählen Sie es im Freundeskreis, berichten Sie Ihrem Buchhändler, oder bewerten Sie bei Onlinekauf. Und wenn Sie Kritik, Korrekturen, Aktualisierungen haben, freuen wir uns über Ihre Nachricht an Bruckmann Verlag, Postfach 40 02 09, D-80702 München oder per E-Mail an lektorat@verlagshaus.de.

Unser komplettes Programm finden Sie unter www.bruckmann.de

In diesem Buch wird aus Gründen der besseren Lesbarkeit das generische Maskulinum verwendet. Weibliche und anderweitige Geschlechteridentitäten werden dabei ausdrücklich mitgemeint, soweit es für die Aussage erforderlich ist.

Empfehlung der Redaktion Sie sind auf der Suche nach weiterführender Literatur? Dann empfehlen wir Ihnen den Titel »Lost & Dark Places Leipzig« von Marius Mechler. Oder Sie werfen einen Blick in die Zeitschrift BERGSTEIGER. Hier werden Sie bestimmt fündig.

Bildnachweis Alle Bilder im Innenteil stammen von Autorin Laura Kaiser und Fotograf Christoph Schaarschmidt.

Umschlagvorderseite: Die Teufelsbrücken in Chemnitz (Kapitel 3)
Umschlagrückseite: Das alte Capitol-Kino in Zwickau (Kapitel 10)

Die Deutsche Nationalbibliothek verzeichnet diese Publikation in der Deutschen Nationalbibliografie; detaillierte bibliografische Daten sind im Internet über http://dnb.d-nb.de abrufbar.

2., aktualisierte Auflage 2025

ISBN 978-3-7343-2545-8